異才、発見！
——枠を飛び出す子どもたち

伊藤史織
Shiori Ito

岩波新書
1659

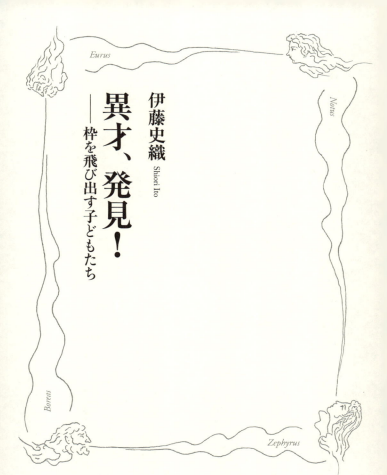

はじめに

　私が東京大学先端科学技術研究センター人間支援工学中邑研究室のさまざまな取組みを取材させて頂くようになり、しばらくしたある日、中邑先生が、

「学校に馴染めず、不登校の子どもたちの中には、特化した才能を持った子どもたちもたくさんいてね、その才能をもっと伸ばすことができたらおもしろいと思いませんか？　今まで、出過ぎた杭としてつぶされてきた子どもたちの杭がどんどん伸びたまま、活躍できる社会になれば、イノベーションが起こるのです」と、わくわくしながらその準備をなさっていました。

　その頃、私は中学の道徳の本に「生きるために人は夢を見る」というテーマで文章を書きおろしていたため、ワークショップを行うために学校を訪れたり、地方に住む絵や文芸に興味のある子どもたちとの交流を重ねていたりしました。

　そして、子どもたちが、将来の夢を語る前に、受験の悩みがあり、好きなことに取り組むことをためらっている様子を知りました。大学生になったら、あれをやりたい、これをやりたい

と言いながら、大学合格が最終ゴールになっているかのようにも見えました。

ユニークな個性の子どもたちが、異才発掘プロジェクトによって突き抜けた才能が引き出されれば、多くの子どもたちに刺激を与えるのではないかと思い、準備の段階から取材をさせていただくことにしました。

第一章では、なぜこのプロジェクトに興味を持ったか、序章として自身の経験談を記しました。息子の病院での生活や小学校での様子は一九九〇年代のことで、現在とは異なります。

第二章以降の異才発掘プロジェクトの取材にあたり、中邑研究室のみなさまには大変ご協力いただき、心より感謝致しております。

読者のみなさまには、この取材に立ち会えた場面は、全てではなく一部であること、教育者の立場ではなく、「ちょっと変わった子」の子育てを終えた私の視線で、思ったことを綴っていることをご理解いただければ幸いです。

二〇四五年、人工知能が人間の知能を超える時代がやってくるといわれる中、子どもたちにとって必要なこととは何か、生きる力とは何かを考えるきっかけになることを願っています。

伊藤史織

目次

目次

目次

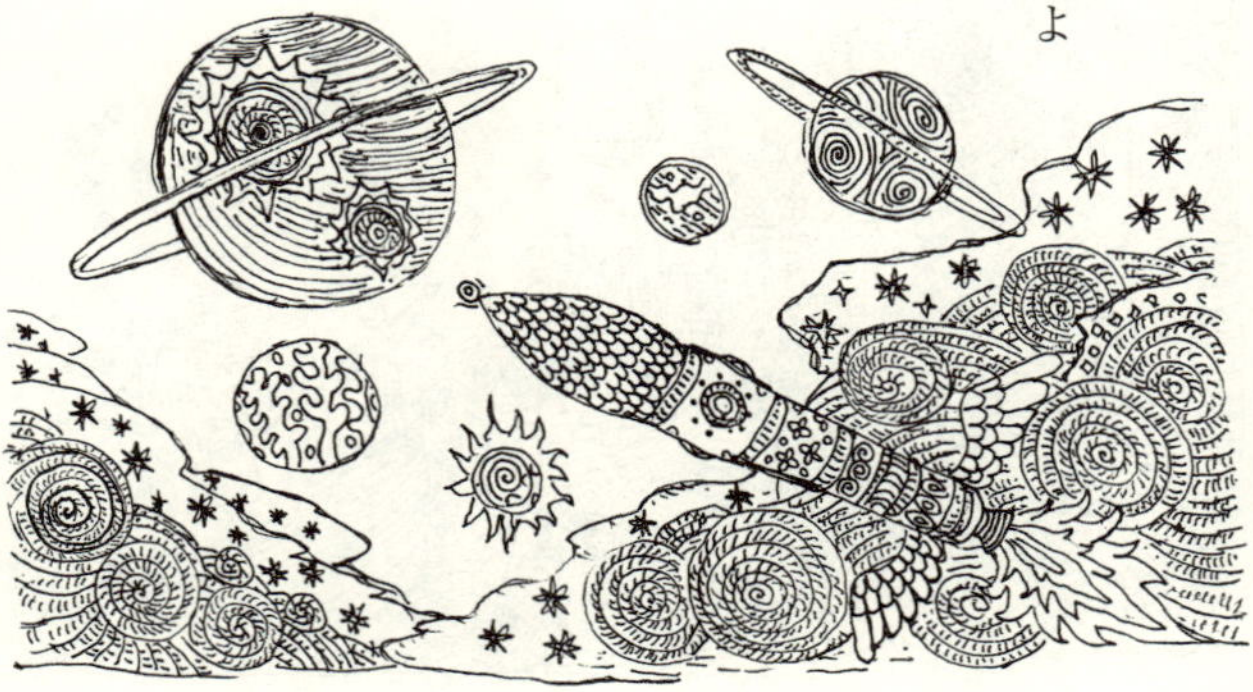

目次イラスト　濱口瑛士
本文イラスト　きどふみか

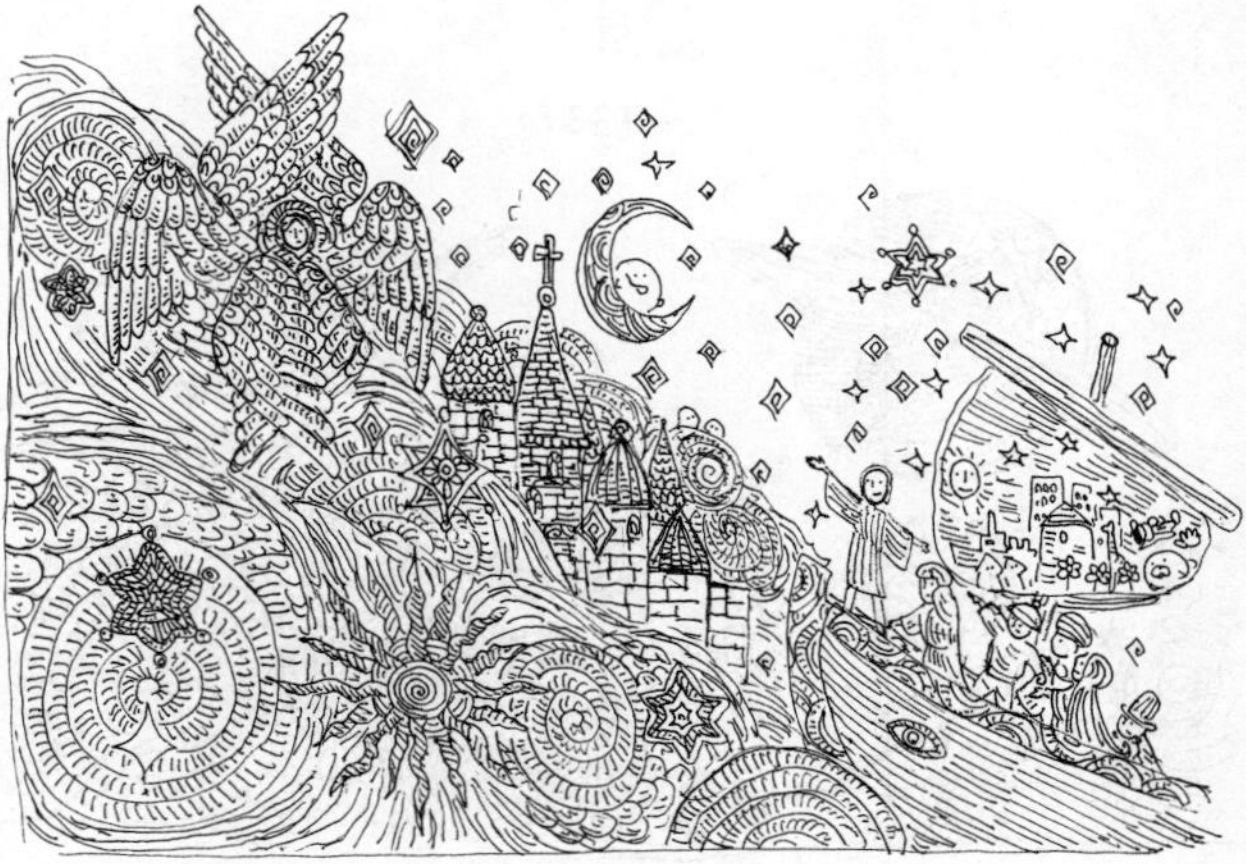

第一章　枠をはみ出す子ども

リビング・ライブラリー

難病を乗り越え大学に合格した「本」

私が初めて東京大学先端科学技術研究センターを訪れたのは、二〇一〇年六月のオープンキャンパスだった。

門をくぐり、受付をすませるとユニークなチラシを受け取った。そのチラシには「リビング・ライブラリー　生きている人を本として貸し出します」と書いてあった。

リビング・ライブラリーとは誤解や偏見を受けやすかったり、差別的な扱いや迫害にさらされやすい人を「生きている本」として「読者」に貸し出すものだ。

通常の図書館とは違い、書籍を貸し出すわけではない。

「生きている本」とは「人間」のことで「読者」はその「本」に質問することもできるという、今までに体験したことのない仕組みになっていた。

「読者」は「本」の経験や考えを聞き、対話をすることで、日頃、接点のない「本」のことを知ることができ、自分の中の先入観や偏見に気づくというものだ。

早速、予約をして二つの「本」を借りた。指定の部屋に行くと五人ほどの読者がいて、一緒に「本」を共有した。

一冊目の「本」は、高校生のころ、一瞬記憶がなくなったり、自分の意思とは関係なく、ぼうーっとする時間があったりするようになった大学生だった。

勉強にも熱心に取り組み、目標を持って受験に取り組んでいる中、なぜそうなってしまったのか理由がわからないまま、いつのまにか「ちょっととろい人」というレッテルを貼られ、悩み、苦しんだ。そのうち体のだるさも感じるようになり、時々、寝込むようになった。

いろいろな病院に行ったが、なかなか正しい診断がされず、病名がわからなかった。「もやもや病」だとわかった時は難病であるということよりも、病名がわかってほっとしたという。

病気を受け入れ、治療を続けながら大学受験をしようとした。そのため、入試相談の場で、受験したい大学に病気の症状を話したが、当時の大学入試の制度としては「急な問題として病気や発作、怪我などに対して保健室での受験はありえるが、治療中の病気の症状に対する時間的な配慮や対策は前例がない」と病気のための配慮は全て断られた。

受験は受験生全員に「平等な立場」で行っているという。

それでも受験の意志は変わらず、一般受験に挑戦した。その中で合格した大学に入学した後、大学と話し合い、その後の試験の時に時間を延長する等の配慮を得たということを「本」から読み取った。

難病ということで、どんな治療が効果的なのか、いつ治るのか、もしかしたら治らないかもしれないという不安定な状況の中、自分の夢に向かって淡々と突き進む彼の姿は凛として美しかった。

自分の状況を嘆くでもなく、悲しむでもなく、とても冷静に見つめていた。

私は「本」と「読者」に許された対話の中で「どうやったら今の状況を受け入れられたのか」と質問した。

「初めのころ、自分の何がいけなかったのかと、原因ばかりを探していました。

しかし、その原因は不明で、どうしてよいかわからなかった時期は、不安と絶望が襲ってきてとても悩みました。

友達との会話でも、一瞬記憶がなくなるため、なぜみんなが笑っているのかがわからない。焦ったり、意味もわからずワンテンポ遅れて笑ってごまかす。そうしないとみんなの輪から外れてしまうのではないかと思っていたんです。とても怖かったです。その現象が病気のせいだとわかった時から自分を責めることをやめました」

人と違うことに苦しみ、責め続けた毎日はどれほど辛かったのだろう。できたことができなくなるという不安も大きかったに違いない。これから先のことはまったく想像がつかない。幸い、周りの友達も病気のことを話すと理解を示し、今までと変わりない付き合いが続き、嬉しかったという。

どうなるかわからない未来の不安にエネルギーを費やすことよりも、すぐ目の前にある受験という目標に取り組み、それに挑戦することにした「本」の意志はしっかりとしていて強かった。

しかし、障害や病気を抱える子どもたちがいる世の中で「全ての受験生が平等でなければならない」という大学の言葉を聞いた時、私はとても違和感を感じた。

平等と公平

平等とは「かたよりや差別がなく、全てのものが一様で等しいこと」と辞書にはある。公教育の中で「平等」とはどういうことをいうのだろうか。

一定の基準ができるようになるための授業ということになれば、学習能力の低い子どもに合わせた授業をしなければならない。

しかし、それでは、学習能力の高い子どもは不満を持つだろう。学習能力の高い子どものレベルに合わせた授業だと、ついていけない子どもも出てくる。

一般的には平均的な一定の基準に基づき、文部科学省が決めたカリキュラムに沿って授業は行われている。

そのうえで、今ではインクルーシブ教育システムの構築が行われ、徐々に進められている。義務教育における合理的配慮は認められているが、教育現場での実施について、現実問題としては難しい場合も多々ある。私は、研修会に参加するなど、勉強する機会を何度か頂いたが、「前例がない」という文言を何度も聞いた。

上の図は「平等と公平」をわかりやすく説明している。

平等とは、箱に乗って塀の向こう側を見る場合、身長の違う三人の子どもたちに同じ大きさの箱を与えることだ。

公平とは、塀の向こう側を見るという目的が達成されるように、身長の違うそれぞれの子どもに必要な箱を与えることである。

時代とともに徐々に変化しているとはいえ、現場ではまだまだ難しい問題があり、合理的配慮の実施に至るまでには時間がかかる。

大学受験の時に、「平等」という言葉の下に合理的配慮がなされなかったことはとても残念に思うが、それを乗り越えて自らの力で合格し、入学後も粘り強く理解を求め、大学に折衝した彼のエネルギーは強い。

何を言っても「前例がないのですぐにはできない」という答えに対し、前例を作れば自分のことだけではなく、今後も誰かの役に立つのだと考え、最後まで頑張ることができたこと、大学に入学することを目の前の目標としていたが、その先、何を勉強してどう生きていくことが大切であるかということに変わっていったことに私は感銘を受けた。

アスペルガー症候群が社会で生きる「本」

もう一冊の「本」はアスペルガー症候群という障害を抱え、突飛な行動を繰り返し、何度も迷子になった話だった。「読者」の中には、同じ障害の方もいて、「対話」は大変盛り上がった。

その場に「本」の後見人として同席されていたのが、東京大学先端科学技術研究センターで人間支援工学を研究されている中邑賢龍先生だった。

「本」の話はあちこちに飛び、初めて触れる私は、追いついていくのがやっとだった。迷子になった話をしていたかと思うと、いきなり学術的なとても難しい話が始まった。また、それに同調して話し始める同じ障害を抱えた「読者」との対話には、とても戸惑ったことを記憶している。

「読者」に対して中邑先生が「本」の解説をしてくださった。

そして、困難を抱えた人もそうでない人もいきいきと生きられる社会が必要だということを知り、大変興味を持った。

私には、そこに共鳴する理由があった。

ちょっと変わった子を育てる親として

突然のできごと

赤ちゃんが生まれて五カ月のころ、他の子どもに比べてなんとなく首のすわりが悪いように感じていたが、保健所や病院での健診の際、「そんなに心配するほどではないのでもう少し様子を見ましょう」と言われていた。

当時、私は教育系の出版社に籍を置き、子どもに関する情報は豊富にあったが、健診の際の言葉を信じて、特に処置をすることなく日常生活を送っていた。

赤ちゃんが風邪を引いて、熱を出した時のことだ。ベビーベッドを見ると、掛け布団が風船のように膨らんだりしぼんだりおかしな動きをしていた。不思議に思って布団をめくると、胸とお腹が大きく波打っていた。その光景はまるで体内で生き物が暴れているようにも見えた。

どうしてよいかわからず、救急車で病院に向かった。酸素吸入や点滴を受け、落ち着いたものの、肺に炎症を起こし、二週間ほど入院した。特に気管や肺が弱いらしく、風邪などを引くだけで呼吸困難になる可能性が高いので、気をつけるようにと念を押され、退院した。

赤ちゃんはミルクをあげてもすぐに吐いてしまい、弱々しかった。とても大人しくて、動き回ることは少なかったが、ケラケラとよく笑う愛想のよい赤ちゃんだった。

近所に住む保育士さんと顔を合わせる度に、

「男の子は小さいころ、弱いのでいろいろあって当たり前よ」と声をかけてもらっていたので、そんなものかと安心することもできた。

ところが、十カ月のころ、高熱が出て、ひきつけを起こした。熱性けいれんの話は聞いていたが、左右対称に手足をバッタンバッタン倒す様子には驚いた。たまたま帰宅途中の保育士さんが近くを通ったので見てもらうと、こんなパターンは今までに見たことがないと言われ、抱きかかえて近所の個人病院に走った。応急処置で注射を打つと、けいれんは止まったものの、薬との相性が悪かったのか、アレルギー反応を起こし、みるみる肌の色が黒ずんでいった。

医師はあわてて救急車を呼んだ。赤ちゃんの着ていた小さな青い花のついた長袖のシャツを救急隊員がハサミでスッと切り裂き、胸に聴診器をあてた。それからの私の記憶は定かでない。混乱する私は、目の前の光景に「赤ちゃんが死ぬ時ってこんなに簡単なものなのか」と思ったことだけを覚えている。

救急病院に着くと、すぐに処置室に連れていかれ、私がその部屋に入ろうとすると、「入らないで！　ここにいて！」と激しく制された。

ばたばたと看護師さんたちが走り回り、私はその切迫した様子を見て何もできずにただ呆然と立ちすくんだ。

どれくらい時間が経ったのだろう。赤い緊急ランプが消え、医師が出てきた。医師の口が開くのがとても怖かった。

「今夜、様子を見ましょう。赤ちゃんの生命力を信じるしかありません」

部屋を覗くと、チューブをつけた黒い物体が酸素テントの中に置かれているという状態だった。生まれたばかりの恐竜の子どものように見えた。

看護師さんに、切り刻まれたお気に入りのシャツを手渡された時、やっと目の前の物体が我が子だとわかり、涙がとめどなくあふれた。声が出ない。赤ちゃんの名前を呼ぶことすらできなかった。

「もともと脳に異常があったことに今まで気づかなかったのですね。この子は笑ったことがないでしょう」と言われ、すぐさま反論した。すると、

「お母さんにだけは笑って見えたのでしょうね」と言われた。医師の一言に私は呆然とした。そして、私はもうわけがわからなくなった。

絵本で隠した顔を「いないいないばぁ」と覗かせると、きゃっきゃと言いながら手を叩いて喜んでいたことも、大好きなぬいぐるみを抱えながらにこにこしていたことも、散歩の途中に見つけた犬や猫に手を振りながら笑顔をふりまいていたことも、すべて私の錯覚だというのだろうか。

医師のことが信じられなくなった。看護師が気の毒そうに頭を下げ、医師とともに病室を出

ていった。これは現実のことなのだろうか。まるでオカルト映画のワンシーンのようだった。ピコピコと鳴る機械の音を聞きながら、赤と緑の小さなランプをじっと見つめ、私は立ち尽くした。

　いつのまにか夜が明け、朦朧としながら廊下に出ると、出勤して来たばかりの看護師が、

「昨日、運ばれて来た赤ちゃん、生きてる?」と夜勤の人に聞いていた。

「ええ、まだ。障害が残るでしょうね。二十分ほど息が止まっていたんですもの」

　私の赤ちゃんのことだ。看護師の会話を聞いてはっと我に返った。

　けいれんは、小さい子どもにはよくある熱性けいれんで、脳に異常などなかったのではないか。赤ちゃんは私のひとりよがりではなく、毎日笑っていたのに、どうして信じてもらえないのだろうか。だんだん底知れぬ恐怖を感じた。

　この子を助けられるのは私ひとりしかいない。医師にも看護師にもすがれない。

　すぐに部屋に戻り、酸素テントの中に入り、チューブが外れないようにそっと抱きしめた。

　それからしばらくすると、肌の色が黒から紫にかわり、呼吸が安定したことがわかった。

　医師からは、起こりうる障害について説明を受けたが、生きてくれてさえいればなんとかなると思っていたので、ショックは全くなかった。

言葉が出なくても、歩けなくても、体が順調に育たなくても、かまわなかった。

これは夢ではない。現実なのだと思うと、気が引き締まった。

体温が戻り、肌の色も人間らしくなってきたなぁと観察していると、ゆっくりと手が動いた。

そして、のそりのそりと寝返りを打ち、目を開いた。薬の副作用なのか、瞼はゴルフボールを二つくっつけたように腫れ上がっていた。その下に細く小さな黒い瞳が見えた。

「おはよう、よく寝たね」

私は、何事もなかったように普段とかわらない挨拶を赤ちゃんと交わした後、赤ちゃんが目覚めたことをナースセンターに報告に行った。

看護師が驚いて病室に向かうと、赤ちゃんはベットの柵につかまり立ちをして私たちを迎えた。看護師はその様子を見るや否や、医師を呼びに部屋を飛び出した。

医師が部屋に入ってくると、赤ちゃんは腫れた瞼を押し上げるようにして瞳を覗かせ、にっこりと笑ってみせた。

「がんばったねぇ」と医師は赤ちゃんに言ったあと、私に

「奇跡的に助かりましたね」と声をかけた。

小児病棟

私は、いつも緊張感が漂っている救急病院よりも、安定して子どもを診てもらえる病院へ移ろうと考えた。

ところが、これは簡単なことではなかった。当時、小児科の入院病棟が充実しているところは限られていて、全国にいる難病の子どもたちが集まり、長期的に入院していた。

一旦退院して自宅で待機しながら、専門の病院に入る準備をした。

自宅にいる間は、また息をしなくなるのではないかという不安に四六時中襲われた。寝る時は、私の仰向けになったお腹の上にのせ、常に呼吸を確認した。

十カ月という年齢から、まだ、歩けるか否かはわからなかったが、手足の動きに違和感は感じなかった。言葉を話せるようになるかなど、知的能力もまだわからなかったが、よく笑うことだけは以前と変わらなかった。

ただ、ひとつ気になることは、すこし具合が悪くなると頭に激痛が走るようだった。痛みのほどは本人でなければわからないが、自分で髪の毛をむしり取るほどだった。

私も赤ちゃんをまねして、自分の髪の毛を摑み、引っ張ってみたが、相当な力を入れても抜けることはなかった。それを思うと、激しい頭の痛みがあるのだと思い、注意深く見守りながら、毎日を過ごした。

一歳の誕生日を迎える十二月、あれほど気をつけていたのに風邪をひき、呼吸困難な状態を引き起こした。今回は、大きな病院に通院し、あらかじめ準備をしていたので希望の病院に入院することができた。

私はここで、今まで全く知らなかった世界と触れることになった。ずっと病院の中で過ごさなければならない子どももいれば、手術を繰り返す子どももいた。地方の子どもたちは、両親と離れ、一人で病気と闘っていた。

面会のルールは厳しく、決まった時間以外は入れない。今までとは違って一緒に過ごせる時間はとても短くなった。病院にいれば安心だとは思わなかったが、看病の疲労も重なっていたので、私は少し休むことができてほっとした。

面会できる時間は病院で過ごしたが、面会時間の終わりが迫ってくると、とても辛かった。

小さい子どもは点滴の針を自分で引き抜いてしまうため、当時は点滴を受けている間、ベットに体を括りつけられていた。両手、両足も包帯で柵に巻き付けられていた。それはまるで身動きを規制されている囚人のようだった。

私は、病院を後にする時に、どうしてもベッドに縛り付けることができず、そのままにして部屋を出た。面会時間が終わると、いろんな部屋から泣き叫ぶ子どもの声が聞こえ、胸が張り裂けそうだった。

翌日、泣き疲れた子どもの声は枯れていた。入院している子どもの親と話をすると、「しばらくすると、目が合わなくなり、退院後は名前を呼んでも反応がなくなり、耳が聞こえなくなったのかと思ったわ」と言われ、ますます悲しくなった。

子どもは、置き去りにされ、いくら家族を呼んでも姿を見せないので、諦めると同時に家族からの呼びかけにも反応しなくなるというのだ。

笑顔だけが取り柄の子どもだったが、表情が乏しくなったような気がした。それが病気のせいか、病院に置き去りにされる精神的なものからくる影響なのかはわからなかった。最新の医療を受けるにも、それなりの事情があり、これで安心という思いにはなかなかなれなかった。

入院中、さまざまな修羅場にも出合った。子どもは具合が悪いから病院に来る。重い病気の専門の病院なので、入院してもすぐによくはならない。

「家ではこんなふうじゃなかった。病院に入ってからどんどんおかしくなっていった」と必死で訴える親もいた。

親は、自分のことならまだしも、子どものことだと諦めがつかない。なんとかして助けたいと思う。親に余裕がなくなり、ナースセンターに怒鳴り込むシーンは幾度となく繰り返され、その様子を見るたびに不安になった。

一番悲しかったことは、親しくお話をしていたお子さんが天国に旅立ったことだった。お見送りに行くと、小さな棺が目に入り、いたたまれなかった。それは、母親がいくら体を折り曲げても一緒に入ることができない大きさだった。

私は、看病疲れからか、よからぬことも考えるようになり、限りある命ならば、できるだけ一緒にいるために一刻も早く退院させたいと思った。少し早いと感じたが退院の許可をもらい、また自宅養生に切り替えた。

今回の入院は面会時間が決められていたため、空いた時間に子どもの病気についての講演会や勉強会に参加し、障害を抱えて生きるということはどういうことなのかという話を聞いたり、専門の医師に会いに行ったり、小児医療や小児病棟に関する取材を積極的に引き受け、夜に自宅で原稿を書いたりした。

仕事で繋がった人脈は心強く、また子どもの医療費は個人が負担する時代だったため、報酬もありがたかった。

トラウマを抱えた子育て

退院後、幸い、すぐに笑顔が戻ったが、以前救急車で運ばれた時に「お母さんにだけは笑って見えたのでしょうね」と医師に言われたことがトラウマとなり、鏡越しに、本当に笑っているのかどうか距離をおいて確認した。写真を撮って友人に見せると「あら、かわいい笑顔ね」と言ってくれるのだが、遠慮して本当のことが言えないのではないかと疑い、コンビニの店員や電車の隣りに乗り合わせた全く知らない人に写真を見せ、「笑顔」であることを確認した。

体も同じ年齢の子どもに比べると小さいし、一歳を過ぎてもまだ歩けなかったが、髪の毛をむしり取るようなことはなくなった。脳の薬を飲んでいると、目がいつもとろんとしているように見える。けいれんは、救急車で運ばれた時以来、一度も起こしていなかったことと、検査でもこれといった異常がなかったので、医師に、この薬がどうしても必要なのか、用心のために飲んでいるのかを確かめ、薬に頼らないことを選んだ。

呼吸器官はとてもデリケートだったので、薬と点滴を併用し、そのために、通いやすく親しみのある、子どもが生まれた時の病院に通い始めた。

一歳の時は、ダッコちゃん人形のようにいつも腕にしがみついていて、二歳になってようやく一人で立てるようになり、よちよちと少し歩き始めた。

言葉は出ないが、表情は豊かで愛想がよく、誰からも好かれていた。それは人間だけでなく、猫や犬はもちろんのこと、虫や植物とも会話しているように見えた。言葉がまだ出ないころ、子どもたちとトランプ遊びの神経衰弱をしていると、ニコニコ笑いながら、一人ですべてのペアを裏返したり、お祭りでの当たりくじをスイスイと引き当てたりするちょっと不思議な子になった。

三歳から四歳にかけて、ようやくしゃべりだし、二年保育の幼稚園の入園に間に合った。相変わらず、体調には波があり、入退院を繰り返したが、幼稚園に通うことよりもマイペースで体力をつけ、ゆっくり治療していければよいと考えていた。

みんなと何かをするには体力が足りなかったが、いつもにこにこしていたので、いじめられることもなく、阻害されることもなく、むしろ、いつも周りに人がいた。

小さい子どもが、犬や猫を見つけて集まってくるような、そんな感じにも見えた。長く休んだ後の登園も、みんなに歓迎されるなど、居場所はすぐに見つかり、それが何よりも救いだった。

幼稚園や病院や仕事で出会った周囲の人たちは、やさしく励まし、困っていると手を差し伸べ、いつも温かく見守ってくださったが、私はいつも必死で、もがき苦しみ、全く余裕がなく、まるで宇宙に放り出され、暗闇の中をさまよっていたように思う。感謝してもしきれないくらい助けてもらっていた。

小学校選び

あっという間に小学校の入学の手続きをするころとなった。言葉も問題なく、大丈夫かなと安心していた矢先に、高熱を出し、はげしい頭痛に襲われ、入院することになった。

呼吸は年齢とともに随分楽になり、一般的な喘息のような苦しみはあるが、救急車に飛び乗るようなことはなくなっていた。だが、呼吸器の薬は止められなかった。

大きくなってきて、ほかの子どもは入院する必要がなく、自分が人とは違うことに気づき始めたころだったため、本人も大きなショックを受け、言葉が全く出なくなってしまった。表情も一気に暗くなった。

退院して登園すると、卒園式に向けての歌や踊りの練習が進んでいて、集団で一つのことに取り組むみんなの様子にたじろぎ、居場所が見つけられなくなっていた。友達の顔を見たさに退院を喜んでいただけに、精神的にも落ち込みがひどかった。それは体にも表れ、その夜に高熱が出て、また病院に戻ることとなった。

小さいころ、脳に異常があるということで難病や障害の認定について説明を受けていたが、小学校に入学する時、まだ未確定な状態で就学先が変わることに不安を感じ、あえて認定を受けなかった。いよいよそのことと真剣に向き合わなければならなかった。

公共の相談窓口に出向いたり、学校見学もしたが、全く判断がつかなかった。

六歳までの誕生日はすべて病院で過ごし、入院中も医師や看護師にかわいがられ、「大きくなったらお医者さんになってね」と、プレゼントにもらったおもちゃの聴診器で、ぬいぐるみの心音を真剣に聴く様子を見て、将来、本当にお医者さんになるかもしれないと、密かに学費の心配をした。

カードを差し込み、いくつかあるボタンの中から正解を選ぶと音が鳴るおもちゃの学習用ゲーム機を与えると、何度も繰り返し遊んでいるうちに、六年生の問題も全問正解するようになり、この子は天才かもしれないと喜んだ。

文字が読めるわけでもなく、内容を理解しているわけでもなく、カードの穴の形や位置から、どのボタンを押せば正解になるかを読み取っていただけだった。

それでも私は親バカぶりを発揮し、学歴社会の中でも生きていけるのではないかという幻想の幸せを願った。

しかし、いよいよ現実が目の前に提示された。子どものために一番よい選択は何かと口では言いながらも、幼稚園の友達とは違う学校に行くことには不安を感じ、少しくらい無理してもみんなと一緒に通学させたいと思った。子どものことが第一とわかっていながらも世間の目も気になった。

人とは違うんだ、生まれてから今までの半分を病院で過ごしていたのだから、成長がみんなより三年ほど遅れていてもあたりまえなのだと自分自身に言い聞かせるのだが、やはり、枠からはみ出すことには抵抗があり、「普通」でいてほしかった。

ギリギリまで考えて、本人の友達と一緒の学校に通いたいという希望を聞き入れ、近くの小学校へ入学した。

ほっとするというより、これから先、どんなことが待っているのか、どんなことがあってもそれに立ち向かう覚悟を決めた入学式だった。

緩やかな枠の中に入る

校長先生とは何度か面談をし、これまでのいきさつを話した。元気な状態の時の子どもを見た校長先生は、「だいじょうぶですよ」と声をかけ、その言葉を受けた子どもは人懐っこく満面の笑みを返した。「お母さん、気にしすぎですよ、何の問題もありません」と言われ、状態が悪い時の子どものことを話せなかった。

クラスはベテランの女の先生が担任だった。入学式の教室は、子どもたちが好き勝手に歩き回り、幼稚園よりもにぎやかで、ユニークな子どもたちが多かった。

私は、入学前の最後の入院の時のように、学校に行きたくないと言い出さないように、祈るような思いで、勉強はしなくていいから、みんなと仲良く、楽しい学校生活を送って欲しいと見守った。

クラスには幼稚園の時から仲良くしていた子どもたちがたくさんいたため、友達関係には問題がないように見えた。

学校から帰っても、あれこれ詮索せず、昼寝をしたければ、何よりもそれを優先させ、ご飯は食べたい時に食べられるだけ食べさせ、体力の回復を最優先した。

薬の副作用のせいかアトピー性皮膚炎がひどく、家で食べる食事は、インスタント食品、冷凍食品、化学調味料は極力使わずに料理した。ソーセージやお菓子も手作りし、栄養面にも気を遣った。

朝、起きれない時は遅刻してもしょうがない、時間がかかり、宿題ができなくてもしょうがないと決め、とにかく学校へ笑って行ってくれればよしとした。

私が小学生のころ、九九もろくろくできなかったわんぱくな男の子が、大人になってから届いた同窓会名簿に国立大学卒と書いてあったことを思い出し、何の根拠もなかったが、遅咲きの男の子は、のちに勉強ができるようになると思い込み、小学生の間は勉強のことは一切言わないと決めた。

ノートやプリントを見ると、あれこれと小言を言ってしまうと思い、見ないようにした。とはいえ、やはり気になった。入学して二カ月ほど経ったある日、ランドセルの中のプリントをこっそり見ると、ひらがなの練習で「や」のつく言葉が書いてあった。

プリントに「よくできました」と花丸がついているのを見た時は、涙がこぼれるほど嬉しかった。ちゃんとできているのねと思いながら中身を見て、愕然とした。解答を書き込む四角い枠を大きくはみ出し、よろよろした不格好な文字で、「やだ」「やめて」「やかん」と書いてあった。学校で何が起こっているのかと、そのプリントを持って、走って担任の先生を訪ねた。

「彼の席のまわりには帰国子女の男の子がたまたま二人いて、日本語がスムーズに出なくて、時々ケンカをしているんです。彼はそれを止めるために、帰国子女の友達に、この言葉を教えながら書いたんですよ」と説明を受け、ほっとした。言葉のやりとりが少なくても、いつも笑顔でいるのですぐに友達ができていると聞き、安心していた。

そういえば、外国からやってきた友達ができ、英語がしゃべれると自慢していたので、しゃべってみてとお願いしたら、「ナンデーヤ」と得意げに言った。それは大阪弁だから外国ではなく、日本だと教えるととてもがっかりしていたことがあったが、帰国子女の友達ができたというのは本当だったのだ。

子どもへの期待

一年生の運動会の時、かけっこでとろとろとやる気がなさそうに走っていたので、二年生の運動会では、

「走る時はね、前を見て一生懸命手を振って走ってごらん。ビリになってもいいから一生懸命走りなさい」と激励すると、いつものように満面の笑みで「わかった」と言う。

勉強も運動もできなくてもいい。しかし、去年よりも少しでも成長した姿が見たいと応援席に戻った。

いよいよ彼の番がやって来た。激励の言葉通り、今年は一生懸命走ってくれるだろうと応援

にも力が入った。

「ヨーイ・ドン」とかけ声がかかり、スタートすると、みんなも大きな声で名前を呼んで応援してくれた。すると、彼は両手を突き上げ、観客席に向かって思いっきり手を振っているではないか。まるで、コンサートで花道を駆け抜けるアイドルのように……。

確かに手を振って走れと激励はしたが、まさか、観客に向かって手を振るとは思いもつかなかった。彼は最後の最後まで、一生懸命観客に手を振りながら走り抜いた。順位は思い出せない。順位など、始めからどうでもよかったが、彼も観客も満足した様子を見て、「普通の子と同じでいてほしい」という執着がふと湧いてくる自分を恥じた。

しかし、何度繰り返しても懲りずに私は欲をかいた。

二年生になると、少し体力もついてきたので運動をすることを勧めてみた。私の親バカぶりは治らず、ちょっと普通の基準に近づいてくると、学校へ行くだけで充分と言っていたのに、「サッカーでもやってみる?」とサッカークラブの見学に連れていった。

仲のよい友達もいたので、一緒にやると言い出さないか、それがきっかけで体力がつくのではないか、ちゃんと走れるようになるのではないかとありもしない幻想をまた抱いた。

体験ということで、ゼッケンをつけ、コートに立った。ボールの取り合いには一度も絡まず、しばらくするとコートの隅っこのほうで座ってじっと土を触り始めた。

他の子どもたちはきゃっきゃと言いながら、ボールを追いかけている。

前半が終わって、友達に連れられ、ベンチにもどってきた彼に、私は少しイライラしながら、

「ボールを見ないで一体何をやってたの？」と尋ねると、

「あのね、ありんこ追いかけてたら、蟻の巣が見つかったよ」と嬉しそうに笑った。

もう帰ろうとコーチにお礼を言うと、せっかく来たんだから、走らなくてもいいゴールキーパーをやってみてはどうかと提案された。

子どもの可能性を見つけるというのは根気が必要だ。コーチはすぐに飽きてしまう子どもの扱いに慣れていた。

どの子もサッカーを始めたばかりで、シュートといってもちょろちょろとボールがころがってくる程度だったので、怪我の心配もない。彼はどうやるのかもよくわからずに、ゴールに向かった。

「ボールを止めればいいんだよ」とコーチに教えてもらうと左右に飛んでくるボールをことごとく止めた。これにはみんな驚いたが、友達の一人が、

「お前はずるいよな、だってボールとしゃべれるんだもん」と言うと、みんなが納得した。

本人は相変わらず、満面の笑みで止めたボールを大事そうに抱えていた。

彼はこの時、「ちょっと変わった子」、「不思議ちゃん」に違いなかったが、周りに受け入れられていることが何よりの救いだった。

担任の先生や、クラスメイトのおおらかさに改めて感謝したい。

ほかにも勉強や運動以外でできることを見つけたいと楽器を習ったが、楽しむことはできたが、得意になるまでには至らなかった。

同級生には、中学受験をする友達も多かったため、勉強のできる子を目の当たりにしていたが、勉強をしなくちゃならないという意識は全く生まれなかった。

その原因の一つに体力がなく、物事に取り組む気力がないこと、文字が苦手なことが挙げられた。私はそのころ、読み書き障害について、全く知識がなかった。

彼が文字の読み書きが不得意なのは、障害ではなく病気だと思い込んでいた。

小学校では、学校を休むことはちょくちょくあったが、入院することはなくなった。幼児期に入退院を繰り返していたことを知っている友達が多かったため、勉強はできなくてもしかたがないとみんなに認められていた。

だから、誰からも一度も「勉強しなさい」とは言われずに、知りたいことがあれば、誰かに教えてもらいながら卒業した。

中学生の成長期

中学に入っても病院での定期的な検査は続けていた。成長期に入り、急に身長が伸びると、体の変化が起きる。肺は大きくなるので、呼吸器に関しては今までよりもずっと楽になるが、脳に関してはどのような変化があるかわからないので、体調の変化や観察を怠らないようにと医師から説明を受けた。

身長が伸び始めると、頭が痛いといって、よく寝込むようになった。授業中も、家に帰ってからもよく眠っていた。病院に相談すると、「頭痛のあった時は病院に連れてくるようにして、あとは眠たければ寝かせてください」と言われ、遅刻や欠席を気にせずにそのまま放っておくしかなかった。

そのころ、今度は、彼が入院していた病院に私がお世話になるはめになっていた。彼が中学生になって、ほっとしたのか今までの緊張感が和らいだのか、半身に麻痺を起こして動けなくなった。脊髄の病気で痛みを伴っていたため、何もできず、病院のベッドの上でじっとしていた。その後、私は痛みに苦しみ、体のバランスをとることが難しく、怪我の絶えない日々を過ごし、回復するまでに十年程の月日を要した。

彼が不登校ぎみになると先生が心配して、家庭訪問してくださるなど、たいへんお世話になったが、彼は体調が良い日は通っていたため、自分では不登校の意識はなかった。彼の一日の時間の流れは、他の人とは完全にずれ、ますますマイペースになっていった。


文字の読み書きに関しては変化があった。テレビアニメの『ワンピース』が大好きで早くストーリーが知りたくてマンガを読み始めた。

それまでは文字を読むことが苦手で、マンガを読む楽しさまで辿り着かなかったのだが、テレビアニメでは、映像を目で見て、セリフを耳で聞いていたのでストーリーに興味が持てた。

その上でマンガを読むと、絵があることで文字の形と音が認識できるようになってきた。

私が読み書き障害を知った時にわかったことだが、マンガで使われている文字のフォントはゴシック体だったので、教科書の明朝体よりも認識しやすかったようだ。

もともと体力がある時は、一つのことを繰り返して何度もやる習性は持ち合わせていた。

マンガの『ワンピース』を一巻ずつ、何度も読みこなすうちに、文字への苦手意識が薄れていった。

もう一つ自意識が出てきて、周りからの目も意識し始めた。

中学になって、欠席すると、休んだ日の授業のノートを友達が見せてくれるようになった。その時に初めて自分の書いた文字と友達の書いた文字の違いに驚いた。

彼は勉強ができないことはしょうがなくても、文字がきれいに書ければ賢そうに見えると思った。自分のノートは友達には見せられないと焦り、なんとか文字がきれいに書けるように密かに練習を始めた。こんなに字がきたないのは、道具が悪いに違いないといろいろな鉛筆を試した。芯の太さ、軟らかさ、色の濃さ、細いもの、太いもの、三角の形の鉛筆など、ありとあらゆる鉛筆をそろえた。シャーペンやフェルトペン、マジックも試してみた。書きやすいものを見つけ、丁寧にゆっくり書きながら、人知れず「賢そうに見える」ことを目指した。

マンガを読むようになってから、文字に抵抗もなくなり、本が読めるようになった。

そして、中学三年生になると勉強にも興味を持ち始め、学校にも休まず通えるようになった。

高校進学

高校進学にあたり、「どんな学校に行きたいか」と尋ねたところ、「乗り換えがなく、駅から徒歩十分以内」と答えた。

幸い、その条件に合う学校は複数あるが、受験することに見合う学校は、なかなか見つからなかった。片っ端から説明会に行くうちに、ある学校に出向いた時、うっかり時間を間違えて早く着いた。受付で待っていると、
「せっかく早くいらしたのだから、食物科の説明会も聞いていかれてはどうですか？」と先生に勧められた。

食物科というと、家庭科の調理実習をイメージし、女子が多い学科なのかと勘違いしていたが、その学校の食物科は有名なホテルのシェフが講師として指導したり、フランスやイタリアでの本格的な研修旅行もある一流の職人を育てる高校だった。

いわゆる普通の勉強よりも楽しそうだし、高校卒業と同時に調理師の免許も取れるなんて、こんなに最適なところはないということになり、想定もしなかった食物科を受験することになった。小さいころから動かなかった分、手先は器用で「食」にも興味を持っていた。私は、彼に少しでも体が丈夫になるようにと、食材選びから気を遣い、何でも手作りしていたことが功を奏したと嬉しく思った。

勉強をしなくてもよい、好きなことだけできる、資格が取れる、就職に役立つと思って入学した高校の食物科の授業は、とても実践的で、社会に出て必要とされる人材を育成するために、

とても充実した授業が行われた。

「いいですか、きみたちは職人の世界に進むのです。職場の先輩に嫌われたら居場所がなくなります。いくら実力があってもつぶされます。お世辞を言ってでも人に気に入られることが大事です。生意気で嫌われたら、いじめられます」

「先輩の言うことはどんなに理不尽なことでも従わなくてはならないこともあります。自分が正しいと主張しても、受け入れられないこともあります。社会に出たら、理不尽なことにも要領よく対処しなければなりません」

「時間厳守。決められた時間内にこなすことが必要です。できるまで練習しなさい」

「社会に出たら競争が待っています。学生生活とは違って厳しい世界が待っているのです。そこでやっていけるように厳しくします」

先生が語る言葉に驚いた。

しかし、おっしゃる通りだと痛感した。あと三年で社会に出ることが決まっているのだ。理想よりも現実が必要だ。今まで、みんな仲良くとか平等が大事と言われてきたのに、いきなり競争社会に出ても闘えるわけがない。社会に出て活躍できる人材に、三年間で育成しなければならないという思いが伝わってきた。

幸い、中学で眠り続けたおかげで、体も大きくなり体力もついた。

今までの学習の続きだとついていくのが大変だったが、クラスメイト全員が新しく学ぶ科目ということで、ともにゼロからのスタートを切れたことが幸いした。

授業でわからないことがあって、クラスメイトに聞いても、みんなもわからなかった。今までのように周りの人が手取り足取りしながら教えてくれない。自分で調べるしかなかった彼は次第に勉強する楽しさを覚え、成績もよくなった。

実習での合宿も多く、海外研修にも出かけ、クラスメイトの結束も固く、強い絆があった。ようやく、彼の生きる道が見つかったと安心した。成長期に心配された脳の異常も見当たらなかった。全てが順調にいくとほっとした。

三年になって、進路相談の時期が来た。

すると、彼はいきなり、大学に行きたいと言い出した。勉強したいという意味ではない。まだ、何をやりたいのかわからないというのだ。友達は家業を継いだり、子どものころからの夢を叶えたり、好きなことのために頑張っている。

彼にとって、時間の制限がある中でやりたいことを完成させることは苦手だった。とりあえずやるということに満足がいかず、丁寧にやっていると枠からはみ出し、怒られることに納得がいかなかった。

食物科の授業は好きだし、楽しいとは感じるけれど、クラスメイトのようにはっきりした目的のために頑張るという意欲には繋がらず、社会の厳しさを教えられ、今のままでは通用しないと感じたらしい。要するに、社会に出るまでの猶予がほしいということだった。

私は彼が小学校に入学した時のことを思い出した。人より三年遅れていて当たり前だと自分に言い聞かせていたことを。

中学以降の勉強をやり直すには時間がない。そもそも、受験勉強というものが彼には向いていないことはわかっていた。

専科の大学なら推薦枠もあるというが、「何をやりたいかわからない」ということで、なるべく幅の広い総合大学で視野を広めたいと考えた。一般受験は難しい。AO試験、一芸入試などを調べた。専科の技術が身に付いているので、普通科の生徒より専門知識を持っていることもあるのではないかと思ったが、抜群に優れているというわけではない。自信がないから大学に行こうとしているのだ。

少子化ゆえ、人気が集まりにくい専科の大学を見学に行くと、それはそれは丁寧な対応を受け、ランチをごちそうになり、お土産までいただき、まるでお客様のような扱いを受け、「お宅のようなお子さんこそ、この大学に向いています。ぜひ入学してください」と歓迎され驚いた。

大学に行けるなんて夢にも思っていなかったので、私は「ここなら入れるってよ。どう？」と彼に尋ねると、「遠すぎるよね。電車に乗ってる時、牛が見えたよ。ちょっと無理かな」などと言う。

その大学の説明会では、勉強の内容や受験のシステム、大学の設備の良さを熱心に話す先生に対して受験生は「この近くに、コンビニはありますか」とか、「携帯の電波はどの会社のものが一番よく入りますか」と質問する様子を見て、彼と似たり寄ったりだと少し安心した。

入れる大学なんてないと思っていた私は、やりたいことを見つけるための四年間の猶予を探すという目的を忘れ、とにかく大学生になれればよいと先走り、ここならやっていけるんじゃないかと考えた。

彼の大学のイメージは、いろんなことをやっている人がたくさんいて、広い社会に繋がっているというものだった。

高校の担任の先生にお願いして何度も相談にのっていただき、指定校推薦というものがあることを知った。その大学や学部の一覧を見せていただくと、彼が気になる「生物」と名のつく学部があった。

子どものころ、虫や植物など自然のものが大好きで、下ばかり向いて歩いていた時期があった。危ないので、上を向いて歩けるきっかけになればと思い、小三の夏休みの自由研究は空の写真を毎日撮影し、観察した。夏休みが終わった時に、

「これで空を見れば天気がわかるようになったね」と言うと、

「空を見なくても、花や虫に聞けばわかるよ」と不思議なことを言い、相変わらず下ばかり見て歩いていたことがあった。

その生物や植物に対する気持ちがまだ残っていた。さらに、その学部には高校の専科の食物科で学んだことを活かせる学科もあった。彼は「ここに決めた」といとも簡単に言ったが、付属校を持つ総合大学は人気も高かった。

幸い、高校に入ってからは、中学のころとは比べものにならないほど好成績で内申書の点数も高かった。ゆとり世代の特権で、指定校推薦での受験には英語の試験がなく、小論文と面接だけだった。彼は小論文を書いたことがなかったので、問題集を見て早速課題に取り組んだ。

「高齢化社会に伴い、老人ホームを新たに建設する場合、必要とされる最も重要なものは何か」という問題だった。

思いのほか、すらすらと書く姿を見て、目的がはっきりしているとできるものなのだと感心した。問題集の解答を見ると、バリアフリーやそれに伴う周辺の環境、介護士の確保、地域医療との連携、周辺住民の理解や協力について記してあった。

しかし、彼の書いた文章を読むと老人ホーム建設にあたり、必要とされる最も重要なものは「老人」だと、自信満々に書き綴っていた。

私は、担任の先生にこの大学の推薦をお願いすることをしばらく躊躇した。

彼は希望の大学が見つかり、わくわくしながら、興味のある自然科学や生物についての本を読み始めた。

それまであまり勉強したことがなかったので、興味のあることが勉強に繋がっていくと喜んで本を手に取り、どんどん読み進めるようになった。

どんな問題が出ても、得意な話に持っていってまとめようという作戦で、小論文はなんとかなりそうだと勝手に決め込み、担任の先生に恐る恐る相談した。

指定校推薦の候補を決める職員会議では、いつもにこにこしていた彼の印象はどの先生からもよい評価で応援を受け、小論文の練習問題もなんとかクリアして、進学できることとなった。

推薦を頂いたからには、必ず卒業すること、自分のやりたいことを見つけること、体調に異変を感じたら必ず連絡することを約束し、背中を押して手を離した。

ここに至るまで、たくさんの方々のお世話になり、友達にも恵まれ、マイペースを貫き通すことができたのは、本当にラッキーだった。ちょっと人とは違うことを周りの方々に理解していただき、受け入れてもらえたことに言葉では言い表せないほど感謝している。

ちょっと不思議なところはあったが、特にこれといった才能はなかったものの、とびきりの笑顔が彼の最大の武器となって彼の人生を切り開いていった。

まだまだ、これからどうなるかはわからないが、これからは自分の意志で自分の力でやっていくしかない。

もし、脳の病気かもしれない、発達障害かもしれないとそのことにとらわれていたら、彼の良さを引き出すことはできなかったかもしれない。

彼の赤ちゃんのころに体験した「生きてさえいてくれれば」という原点があったことで、彼の良さをつぶさずにやってこれたのだと思う。それでも何度も何度も、無意味な期待を繰り返したり、親としての希望や夢を託したり、右往左往しながら歩んできた。

入院生活が長かった時期や、言葉が出なかったこと、不思議なことを口走ったり、勉強が全くできなかったこと、私が倒れてしまったことなど、苦しみ悩み、無我夢中で向き合ってきたことは今後、「生きる」ということに大きな意味を持つと考えた。

学校の枠からはみ出して、自分らしく生きる

私は、子育ての中で息子や自分自身の病気を通じて最も大切だと感じた「いきいきと生きる」ということをテーマに文章を書く仕事が多くなっていった。

その中で、学校は苦手だったけれど、「生きる」ということに特化している人たちをここで紹介したい。

挑戦する気持ちがあれば、それだけでいい

ボクシング元世界チャンピオン・輪島功一さんに聞く

いつごろからだろうか。学生の間で頑張ることや必死でやることが格好悪いという風潮ができてしまったのは。

努力する過程では失敗もたくさんある。何事も始めからうまくいくわけではない。

せっかく芽生えた興味も、失敗したくないという気持ちが強く、何かに挑戦することを阻んでいるのかもしれない。

芽があれば、それは必ず育つと多様な人たちを分け隔てなく受け入れてきたボクシングジムがある。

元WBA・WBC世界ジュニアミドル級チャンピオンの輪島功一さんはプロボクサーの育成とともに、子どもから中高年、女性も楽しめるスポーツジムを作った。

そこに少年院出身の胸に入れ墨を入れた青年、大嶋宏成さんが訪ねた時のことだ。

「あの〜、入会したいのですが」

大嶋さんはいくつものジムを巡ったが、何度も断られ、最後に辿り着いた場所がここだった。恐る恐る自分の素性を明かし、入れ墨が入っていることを告げた。すると意外なことに、

「いいよ、ボクシングやりたいんだろ。やりたいんだったらやればいいじゃないか。それだけで充分だよ」

とあっさりと入会を認められた。

輪島さんが、挑戦する気持ちを持った大嶋さんを受け入れたことには、その生い立ちに理由があった。

貧困の中から生まれた才能

現代社会において、子どもの貧困についてのニュースを度々耳にするが、実感が湧かない。一九四三年生まれの輪島さんが幼いころ、北海道の士別開拓作業を行っていた時代の貧困とは、生死をかけるほど大変だった。そこで、漁を稼業とする家に養子に出された。

輪島さんは子どものころ、夕方から明け方まで夜通し、大人に交じってイカ釣り漁に出ていた。ちょっとした小遣い稼ぎではない。生活のために何一つ文句を言わずに海に向かった。

夜の海は荒く、船は大きく揺れた。慣れるまでは船酔いがひどかったが、大海を相手にそんなことを心配してくれる大人はいなかった。

イカを捕るための仕掛けを施し、それを海中から引き上げる。子どもだからといっていい加減な気持ちで仕掛けを持つと海に引きずられる。渾身の力を込めて、顔を真っ赤にしながら引き上げた。腕や足の筋肉を最大限に使い、大人と同じ体力が必要だった。

明け方、漁船を降りると大人たちは家に帰って眠るが、輪島さんはふらふらな体を引きずるようにして学校に向かった。

輪島さんにとって、学校は眠る場所だ。勉強は全くしなかった。働いても働いても生活が楽になることはなかった。

働きながら高校に進学したが、このままでは何も変わらないと思い、中退して憧れの東京へ働きに出た。何もない片田舎で育った輪島さんにとっては大都会・東京へ行けば何かが変わると信じていた。

ところが、中卒で働ける場所には限りがあり、思うようにやりたいことができない。

仕事は長続きせず、転々とした。トラックの運転手や土木作業員、どんなに過酷な肉体労働をしても、漁で鍛えた体からあふれる気力も体力もあり余った。どんなに一生懸命やっても物足りない、もやもやした気持ちが常にあった。

そんな時に、仕事場に行く途中に通りかかった三迫ボクシングジムの門を叩いた。

そのジムの創設者の三迫仁志さんは、明治大学在学中に日本フライ級チャンピオンになり、その二カ月後、第二代OBF(現OPBF)東洋フライ級チャンピオンになった人気のボクサーだった。

現役引退後、創設したジムにはたくさんの若者が夢を求めて訪れた。

輪島さんが入門した一九六七年当時、ボクシングは大変人気があり、練習する選手たちを見ようと、ジムの前には見学者が後を絶たなかった。

輪島さんにとってそこは体を鍛える場所ではない。鍛えた体を使う場所だ。十代でプロデビューして二十代で引退する選手が多い中、二十五歳でデビューして日本チャンピオンまで上りつめた。さらに挑戦は続き、日本人で初めて中量級のジュニアミドル級（現スーパーウェルター級）の世界チャンピオンになり、六度の防衛と二度のリターンマッチでのタイトル奪還に成功した。泥臭く忍耐と根性の賜物だった。今は時代が変わり、ボクシングもスポーツ科学や栄養学が取り入れられるようになった。輪島さんの後輩にあたる小原佳太さん（第三十七代日本スーパーライト級王者・第三十六代ＯＰＢＦ東洋太平洋スーパーライト級王者）は現代的なトレーニングを効率よく取り入れた。大学卒業後、プロデビューし、日本タイトルを獲得し、教育実習も行い、教員免許も取得した文武両道のスマートなボクサーだ。しかし、チャレンジ精神は輪島さんの時代から変わることなく、しっかりと受け継がれ、ロシアに乗り込み世界戦にも挑んだ。がむしゃらに頑張る姿はいつの時代も美しい。

好きなことなら続けられる

上京していくつもの職を転々とし、何をやっても続かなかった輪島さんにとって、なぜ、仕事よりも過酷なボクシングは続けることができたのか。

「そりゃね、好きなことは誰だって続けられるんだよ。やりたいことだもの。どんなに大変なことだって辛いとは感じないんだもの。頑張れるよ」

悲惨な負け方をしても、周りからもうやめろと言われても、やりつづけた理由は、好きでやりたいという気持ちがあったからだ。

「今の時代はね、何でもできなきゃいけないと思ってる人が多いんだ。何でもできて当たり前なんてことは間違いなんだ。一つでも熱中できることがあればそれでいいんだ。あれもこれもできなくたって、好きなことがあればだいじょうぶだ」

ジムには、勉強が苦手な子どももやってくる。

子どもが何を求めているのか、何をしたいのかを見極めることが必要だが、何でもそつなくできることがよいと思い込んでいる親も多い。

「うちの子は何をやっても続かないと言うお母さんも多いけれど、やりたくないことをやらせるから続かないだけのことで、子どもがやりたいことをさせれば、夢中になって続けますよ」

輪島さんは自らの体験と多くの選手を育ててきた実績から、自信を持ってそう答える。

「もし、子どもに我慢することを覚えさせたいのなら、好きなことをやらせなさい。好きなことならどんな困難なことがあっても、誰に言われることなく、勝手に努力して乗り越えます」

そして、やりがいを感じたり、達成感を得ることができる。

この感覚を身につけることが最も大切なことで、一つのことでやりがいを覚えると自信がついて、また新たな興味が湧いてくる。

居場所を作る

少年院出身であろうと入れ墨が入っていようと、ボクシングをやりたいという気持ちがあれば、それだけで充分だと入会を許された大嶋さんは、プロで活躍した後、ボクシングを楽しむフィットネスジムを開設した。

大嶋さんは幼いころ、家にも学校にも自分の居場所がなく、世の中からはみ出して生きていた。

少年院という枠の中に閉じ込められて、初めて自分と向き合い、ボクシングをやりたいという気持ちが芽生え、更生を誓った。その後、輪島ジムに辿り着くまで、自分の居場所を見つけることに苦労した経験から、誰もが集える居場所を作りたいと、ジムや居酒屋を経営するようになった。

ジムには、スポーツを楽しむ目的の人、健康やダイエットのために体を動かす人のほかに、学校に居場所がない子ども、何をやっていいかわからずさまよっている青年、思春期になってコミュニケーションがとれなくなってしまった親子、生き甲斐を見出せない人たちも受け入れ、それぞれの居場所になるように見守っている。

輪島さんも大嶋さんも自分の体験を踏まえて、「失敗したっていい。何度やり直したっていい。それでも頑張る人を応援し、本気で立ち向かう姿こそ格好いい」ということを身をもって示していた。

ここでは点数で評価されたり、人と比べられることはない。いきいきと生きるために、自分の意志で動く心を育てていた。

不登校から暴走族の総長を経て人気絵本作家になる

絵本作家・のぶみさんに聞く

いじめを受けて不登校

子どもたちに大人気の絵本作家のぶみさんは、生きることをテーマにたくさんの絵本を出版している。『ママがおばけになっちゃった！』(講談社)は続編も含め、出版から一年で五十四万部という異例の売上を上げた。

のぶみさんは小学生のころ、ひどいいじめを受けた。学校に行きたくないあまりに、頭が痛くなったり、吐いたりと体に異変が起こった。それでも親には学校に行くように言われた。親は小学生は学校に行くべきだという確固たる信念があった。うちの子がみんなと同じだと安心する。どの親にも共通している心理だ。

あらゆる方法を考えて、学校を休もうとするがそう簡単には休めない。どうしていいかわからなくなったのぶみさんは小学生の間に自殺を二度も考えたほどだ。

そこで命の大切さや、どうやって生きるのかということを必死で模索した。親は普通の子になってほしい、いい子に育てたいと思って子どものために「学校に行きなさい」と言う。

「でも、学校での授業に意味を見いだせなかった。大人になって振り返っても、学校での思い出は休憩時間に遊んだドッジボールなど楽しかったことしかない。勉強したことは何も覚えていない。勉強が好きな子だったらいいけど、勉強の嫌いな子は、好きなことが学校の授業じゃなかったら行かなくてもいいんじゃないの？」

学校は勉強のできる子、足の速い子など、運動ができてヒーローになれる子のためにあるのだとのぶみさんは言う。

お母さん、子どもたちと向き合って！

従来の絵本に出てくるお母さんはやさしくて完璧なイメージが多いが、のぶみさんが描くお母さんはちょっと違う。

『ママのスマホになりたい』（WAVE出版）では、ちっとも自分のことを見てくれない母親に、子どもの痛烈な心の痛みを訴えた。大きくなったら何になりたいかと聞かれ、「ママのスマホになりたい」と涙ながらに答える子ども。

この絵本を子どもに読みながらはっとした親も多いのではないか。

「お母さんは、子どもとしっかり向き合ってほしい。僕はどんなに悪いことをしてもお母さんには一度も怒られなかった。うちの子はいい子なんだと信じたかったんだと思う。だから、高校のころ、悪かった息子の話を聞いた翌日、母は腸閉塞になって入院してしまったことがある」

のぶみさんの母はいつも困っている人のために走り回って、たくさんの人のお世話をしていた。

自分の息子が、いじめられていたり、不登校だったり、問題児であることが信じられなかった。まるで今まで自分がやってきたことが全て否定されるような気がしたに違いない。

同じような母親は多い。

世間一般の親は自分の子どもが「普通の子」であってほしいと願う。「学校に行っていない子」、「ちょっと変わった子」は親として心配なのだ。

ろくでもない大人にしかなれない

のぶみさんは高校時代、暴走族の総長をやっていたころ、学校の先生や、警察官や多くの大人に言われ続けた言葉がある。

「そんなんじゃ、お前は将来ろくでもない大人にしかならない」

小学生のころのようにいじめられないように強い人たちと仲良くなって、ただ楽しいことをやっていたら、いつの間にか暴走族の総長になっていた。周囲の人に迷惑をかけたことも確かだ。

けれども、やりたいこと、好きなことが見つけられなかったその時期を、周りの大人たちは待てなかった。無理矢理、枠にはめ込もうとした。

その二十年後、のぶみさんは今や押しも押されぬベストセラー絵本作家だ。日本各地を飛び回り、子育て中の親や子に向けて講演を繰り返し、ワークショップをして命の大切さや生きる力を伝えている。

散々言われ続けた「ろくでもない大人」では決してない。情熱を持って絵本を描き続け、どうしたら子どもたちの心に届くのか、どうしたら子どもたちが幸せに生きられるのかを真剣に考えている。

また、小さな子どもを持つ親に、「それはちょっと、おかしいよ」ということを素直に語り、大切なことは何なのかを一緒に考える。

嘘から出たまこと

絵本を描くようになったのは、専門学校で知り合った好きな女の子が、絵本を好きなことを知り、「俺、絵本を描いてるんだ」と嘘をついたことがきっかけだった。

初めは、ただただその女の子の気を引きたくて描き始めたが、描いているうちに「これがやりたいことだ」とスイッチが入った。

尋常ではない数の絵本を次から次へと作り上げた。あっと言う間に段ボールの箱がいっぱいになり、それが積み上げられていった。

「やりたいものや好きなものと出合えるってすごいことだと思う。探していたパズルのピースがピタッとはまった！　これはもう、ひらめきというか、直感というかこれしかないと思ったら次々とお話が湧いてきたんだ」

出版社に持ち込む絵本の数も一冊や二冊ではない。一気に百冊以上の作品を持ち込んだ。編集者は、その常識とは外れた行動に、ちょっと変な人なのではないかと警戒したほどだ。

それまで、のぶみさんは決してコミュニケーション力があったとは言えなかった。自分の考えや思ったことをちゃんと伝えられなかった。

けれども、これだと思う絵本作りに出会ってからは、自分にも自信が持てた。絵本を通じて、多くの人たちと関わり、コミュニケーションがとれるようになった。

好きなことを職業にする

「好きなことってね、うまくいかなくても続けられるんだ。作品を抱えて出版社を何社も巡り、世の中に送り出す。頼まれた仕事ではなく、描きたいものを作り続けて、それがみんなにも受け入れられるようになった。好きなことをやって生きられるってすごく幸せなことだと思う。

　でもね、もし、大人がみんな好きなことを職業にしてたら、この社会はなりたたないのかもしれない。

　だから、好きなことを職業にした僕は、やりたくないことを仕事にしている人のことをリスペクトし、その人たちが喜ぶものを作らないといけないと思う」

　ものづくりは生きるうえでとても大切なものだと言う。

「クリエイティブというのは、想像力を養うこと。頭の中で、未知の世界を思い浮かべる。見えないものを形にする。これは子どものうちから勉強よりも教えてほしいこと。もし、想像力があったら、未来のことが考えられるから、悪いこともできなくなる。人をいじめたら相手がどんな気持ちになるのか想像できないからいじめることができる。人を刺したらどうなるか、強盗したらどうなるのか、その先を想像することができたら、もっと世の中は平和になる」

　相手の気持ちを想像すること、行動の先をちょっと見据えることなど、見えない世界を見えるようになる勉強なら、学校に行きたいと思ったかもしれない。

「学校がなかったらいいのにとは思わない。だって、勉強の好きな子もいるでしょ。なぜ、学校は勉強よりも社会に出て役立つことを教えてくれないのか。想像力を教えるなんていうのはきっと先生がどうすればいいかわかんないんだろうな」

これという正解がないことを評価することはとても難しい。明確な基準があり、点数で表したものの方がわかりやすい。

でも社会に出て、単純に記憶するだけのテストで評価されることはほとんどない。

大人になって必要なことはなに?

「ちゃんと必要なことを教えてほしい。例えば医者になるのにどれほどの勉強が必要で、大学に行かなければ医師免許はとれないとか、大工と建築家はどう違うとか。高校を卒業して、やりたいことをやろう、好きなことをやろうとした時に、今更そんなこと言われても……とならないようにね。やりたいことのための勉強なら捉え方も違ってくる」

学校に行きたくない子どもがいたら、「行かなくてもいいよ」と言える大人はどれほどいるだろうか。

「学校に行かなくてもいいけれど、その代わり好きなことをして過ごすっていうのはどうかな。好きなことができたら、学校に行ったのと同じくらいの価値があるって認めてもらえればいいのに。僕はね、子どものころの気持ちを今でもはっきり覚えてる。母親に学校に行かなくてもいいよと言ってほしかったって心の底からそう思っていたよ。なぜ、わかってくれないんだ、死んだ方がいいって思うくらい苦しんでいたんだ」

輪島功一さんの特化された才能が見いだされたのは二十四歳で、才能が開花したのが二十五歳だ。そのための力を学校教育の外側で身につけた。

のぶみさんは、学校という枠に困難を感じながらも、何をやっていいのかを見つけるために、高校に進学し、専門学校でそれを見つけることができた。

もし、子どもの時に、その才能の芽がグンと伸びて枠からはみ出してしまったら、どうすればよいのだろうか。

第二章　特化した才能をつぶさない教育

異才発掘プロジェクトとは

中邑研究室の取組み

リビング・ライブラリーを体験した後、中邑研究室を訪ねると困難を抱えた人がいきいきと生きられる社会を作るというテーマの取組みが、いくつも行われていた。

その一つが凹デザインという考え方だ。

凹デザイン塾は、博報堂ダイバーシティデザインと共同開発した既成概念にとらわれることなく、自由な発想でイノベーティブな商品を開発するための教育プログラムであり、毎回十社の企業から十人の社員が参加していた。

凹の状態のモノを、人が補うことで世の中に役立つものになるという発想に興味を抱き、参加させていただいた。

また、DO-IT（Diversity, Opportunities, Internetworking and Technology）Ｊａｐａｎプログラムでは、障害や病気のある中高生・大学生の高等教育への進学とその後の就労への移行支援を通じ、将来の社会のリーダーとなる人材を育成するため、「テクノロジー」に続いて、「テクノロジーの活用」を中心的なテーマに据え、「セルフ・アドボカシー」、「障害の理解」、「自立と自己決定」などのテーマに関わる活動を行っていた。

いずれも、社会を生きやすくするために人を動かし、世の中を変えるプロジェクトだ。

その中邑先生が日本財団と協力して始めた新たな取組みが異才発掘プロジェクトだ。

突出した能力を持つ子どもたち

異才発掘プロジェクトは、"Room Of Children with Kokorozashi and Extra-ordinary Talents"の頭文字をとって通称ROCKETと名付けられた。

志と特異な(ユニークな)才能を持つ子どもたちの集まる場所、という意味がある。

ここにくれば、特別な英才教育をするのかと受け取られることも多いが、決して天才を育てる場所ではない。

また、一般的な学習の遅れをサポートし、不登校だった子どもを学校に戻すことを目的としたフリースクールやボランティア団体は今までに数多くあったが、それとも違う。

ROCKETは枠からはみ出した子どもを、社会に適応させるために強制する場ではなく、枠からはみ出したまま、特化した才能をつぶさないで、いきいきと生きられる社会を作ろうというプロジェクトだ。

ユニークな子どもたちは、得意なことに対して、ずば抜けた才能を発揮するが、それ以外のことには興味が持てなかったり、馴染むことができず、自分の殻にこもってしまったり、集団行動からはみ出したりしてしまう。

偏っている、変わっていると言われ、公教育の枠の中におさまりきれず、周囲からも評価されない。ずば抜けた才能はそのまま埋もれてしまい、社会に馴染めない人間としてレッテルを貼られてしまう。

学校では一斉授業をしなければならない。決められたカリキュラム、こなさなければならない課題、児童生徒多数に合わせた進度を守らなければならない。

一人のユニークな個性を持った子どもに合わせることは難しい。

授業についていけず遅れてしまったり、理解が足りなかったり、障害のある部分を補って社会に対応できる力をつけるという場合は、特別支援学校やＮＰＯ法人などで既に取組みが行われていて、子どもたちの居場所が作られている。

しかし、ある特定の分野で驚くほどの興味や知識を持ち、公教育の枠から突き抜けた才能を持つがために、不登校になっている子どももいる。

中邑先生はその特化した才能をつぶされることなく救いたい、助けたいと考えた。ROCKETにやってくる子どもたちが、好きなことをやって生き抜いた時に、それを受け入れることのできる社会があれば、もっと面白い世の中になるのではないか。

特異な才能はダイヤモンドの原石

日本の経済発展の歴史の中、高度成長期には物事を均一にできる人材が求められた。特化した才能を持った少数に対して、それに従う多数が重宝され、「個より集団」を重んじる日本の文化が世界にも認められた。

公教育の中で、それに見合った人材の育成が求められ、社会に送り込まれた。学歴が重視され、偏差値で物事を測る時代が続いた。いわゆる規格に当てはまる人材が重宝されたのだ。

一方で、多様な人たちが働ける社会構造でもあった。

第一次産業、第二次産業に適した人材も必要だった。多様な人たちが働く場所があったのだ。もし、文字を読むことが困難でも、畑を耕す仕事があった。

コミュニケーションが苦手でも、黙々と工場で作業する仕事があった。現代では外国に工場を作ったり、外国人の雇用も進むなど、賃金の安い労働力が活かされるようになった。

「今は第三次産業が中心の社会になってきています。そうすると読み書きやコミュニケーションが必要とされます。それらが苦手な人たちは、行き場がなくなってしまったのです。人が変わったのではなく、社会が変わったんです。

不登校、引きこもり、窓際族と呼ばれる人の中にはポテンシャルの高い人もいます。そのダイヤモンドの原石が規格に当てはまらないからという理由で磨かれずに、放っておかれる。埋もれるどころかつぶされてしまいます。

そういう人たちが自分らしく、堂々と生きていける社会を構築したいのです」

中邑先生の目が輝いた。

変化する公教育の現場

時代とともに公教育の現場にも変化が表れた。

知識重視の詰め込み型教育は、暗記する能力が求められ、考える力、創造する力を育てることなく点数を競うことが主流となった。

学歴社会、偏差値、大学センター試験など、ある一定の評価が作られた。

その枠におさまらない、その基準についていけない子どもたちも多くいた。決められた枠が窮屈でストレスを感じ、思わしくない行動に走る子どももいた。

落ちこぼれ、校内暴力、いじめ、登校拒否など、社会における青少年の問題がクローズアップされ、ゆとりの無さから生まれる弊害を緩和するために、一九八〇年代に「ゆとり教育」とよばれる新たな学習指導要領が導入された。

詰め込み型教育から個性を重視し、「考える・体験する教育」が理想だと考えられた。

教育の現場では、知識重視の教育を受けてきた先生や親が戸惑った。それを受け入れる社会が追いつかなかった。

一人ひとり違う個性をどうやって伸ばせばよいのか、その方法がわからないまま、自由な時間が与えられた。

その結果、児童生徒の学力の低下が指摘され、二〇〇八年度には「ゆとり教育」は見直されることとなった。

異才を伸ばすための技術

子どもたちにとっても時代はどんどん変化する。

人の能力は変わらなくても、社会が必要とする能力が変わる。

凶悪な犯罪により、公園で自由に遊べない社会、外で遊ぶ機会を奪われ、ゲームに没頭する。

女性の社会進出における帰宅後の母親不在の時間の過ごし方、インターネットの発達によるコミュニケーションの変化もある。

多様化する子どもたち一人ひとりに合わせた教育をしたいと考える教育者はたくさんいる。

しかし、公教育の現場では限られた時間と抱えきれない業務に追われ、理想と現実は一致しない。もっと一人ひとりの子どもたちに手をかけたい、時間をかけたいと思ってもそのノウハウもない。

中邑先生は、ROCKETの理念を普遍化し、多くの教育現場に異才を発掘できるノウハウを広めたいと考えた。

これは、決して今の学校教育を否定したり、それに対抗しているものではない。児童生徒の多くは今の学校教育に適合している。一方、ユニークな個性を持っていることで学校に馴染めず、不登校になっている子どもたちもいる。

その理由は様々だが、子どもたちに、新しい自由なスタイルで、その個性を活かす居場所を作れば、今まで世の中からはみ出していた新たな才能が活かされるのではないか。

教育の現場では現状の学校とROCKETの両輪が必要とされているのだ。

発達障害の困難を軽減させる

ROCKETに集まって来た子どもたちは、学校では発達障害として認識され、不登校の子どもたちも多い。

主な発達障害について、文部科学省の定義によると、次の通りである。

自閉症とは、三歳位までに現れ、①他人との社会的関係の形成の困難さ、②言葉の発達の遅れ、③興味や関心が狭く特定のものにこだわることを特徴とする行動の障害であり、中枢神経系に何らかの要因による機能不全があると推定される。

学習障害(LD)とは、基本的には全般的な知的発達に遅れはないが、聞く、話す、読む、書く、計算する又は推論する能力のうち、特定のものの習得と使用に著しい困難を示す様々な状態を指すものである。

学習障害は、その原因として、中枢神経系に何らかの機能障害があると推定されるが、視覚障害、聴覚障害、知的障害、情緒障害などの障害や、環境的な要因が直接の原因となるものではない。

注意欠陥／多動性障害（ＡＤＨＤ）とは、年齢あるいは発達に不釣り合いな注意力、及び／又は衝動性、多動性を特徴とする行動の障害で、社会的な活動や学業の機能に支障をきたすものである。

また、七歳以前に現れ、その状態が継続し、中枢神経系に何らかの要因による機能不全があると推定される。

学習障害の中でも多いのはディスレクシア（読字障害）で、文字が読みづらい。読字障害があると、文字を書くことも困難となる場合が多い。

知力に問題があるわけではないが、黒板に書かれた文字の写しや、テストの記述に苦労したりしている。そのために授業についていけなくなる場合もある。

しかし、これはＩＣＴ機器の活用で解決することができる。

授業中にｉＰａｄで板書を撮影し、後でゆっくりと見直すこともできる。カメラで撮った写真に音声がつけられるアプリを利用することもできる。教科書を写真に撮って保護者が音声を吹き込めば、教科書の音声版を簡単に作ることができる。

授業で配布されるプリントも、事前にデータで受け取り、音声読み上げソフトを利用したり、文字のフォントを変えたりすることで困難を取り除くこともできる。

また、文字を書くことが困難でも、タブレットで文字入力することは簡単にできる子どももいる。

ディスレクシアの児童生徒にとって、ICT機器は重要なアイテムになるとわかっている。ROCKETでは、積極的に取り入れ、一人一台ずつ配布しているが、これを学校の教室で使うことを許可されることはまだまだ難しい。

一人だけ特別扱いしてはいけない、高価なものなので破損や紛失した場合はどうするのかなど、先生や児童生徒だけでなく、保護者からも様々な意見が飛び交うことになる。

「授業中にゲームをやってしまうに違いない」、「勉強に関係のないネット活用をするのではないか」などという声まであがる。

使い方やネットの常識をきちんと共有し、何のために使うのか目的をはっきりさせておけば、子どもたちはちゃんと使いこなす。余計な心配よりも、現状の困難を解決することが重要だと考える大人は少ない。

自閉症の子どもは、対面で話すことは難しくても、メールや写真・映像などで自分の思いを表現することができる。

ＡＤＨＤの場合では、授業中に動きたくなれば歩き回ったり、散歩に行くことを許可することで困難を緩和することができる。

先生の話を一方的に聞くだけでなく、ルールを決めてその場で思ったことを口にしてもよい場面を作ったり、机の並び方を変えたり、ソファに座ってリラックスしながらディスカッションする時間を持ったりする。

はみ出していた枠を広げることで自分のスペースを確保することができるようになる。

学習障害のある子どもたちは、なぜ自分は人と同じようにできないのだろうかと悩み、しかも、その苦しみを周りになぜ、理解してもらえないのだろうと孤立感を抱えている。

中邑先生は発達障害は個人の特性によるものだけではないと考える。

「ＲＯＣＫＥＴは発達障害の子どもたちを集めているわけではありません。集まった子どもたちに、ユニークな個性があり、一定の環境に合わなくて、枠からはみ出しています。その認知特性や特異的な人格は素晴らしい個性だと捉えることができます。

病院などで調べれば発達障害と診断されるかもしれないけれど、薬や治療の対象とするべきではないのです。

彼らに必要なのは孤立している環境を取り除き、ちょっとした自信を持つこと。ＩＣＴ機器を使うことで解決できる問題もあります。

学校で決められた枠に入らないと排除されてしまい、自信もなくなり不安に襲われ、不登校になる。家庭では親のプレッシャーを感じて暴れてしまう。これは個人の特性だけでなく、そういう環境にしてしまっている社会の軋轢によって生じていると感じます」

ＲＯＣＫＥＴは、その子どもたちがいきいきと目を輝かせ、得意な分野を追求し、才能を誰にも邪魔されることなく発揮できる居場所を作ることから始まった。

大人はその空間のなかで、子どもたちを刺激し、寄り添うだけだ。

異才と呼ばれる人が生まれ、活躍しやすい社会の実現

特化した才能を受け入れる大人たちの覚悟も必要となる。

突き抜けた才能があっても、社会になじめない発達障害の一面も持ち合わせている子どもたちに寄り添うことは並大抵のことではない。

子どもたちは言われたことに従うわけではない。何をやってもかまわない。それをやる理由は自分で考える。自分でとことん考える教育だ。

- ＲＯＣＫＥＴの現場に教科書はいらない。時間の制限もない。
- 与えられたテーマから自由にやりたいことを見つけ出す。
- 子どもたちは世界で活躍するトップランナーの講義を受ける。
- やりたいことを申請し、それが認められれば実行することもできる。
- 申請したプログラムをしっかりとやり遂げる責任も子どもに課す。

本気で取り組み、本気で向き合うチャンスを与えられるのだ。

そのためにはスタッフが一人ひとりの個性を理解し、受け入れることが必要とされる。枠をはみ出した子どもたちが集まっているため。想定外のことばかり起こる。プログラムも子どもたちの成長や現状によってその都度作らなければならない。そのプロジェクトを運営するには相当な労力と体力が必要だ。

膨大なエネルギーをかけて育む子どもたちの才能は、不安定なものから本物へと成長していく。その子どもたちが活躍できる社会とはどんな社会なのか。多様性を受け入れ、様々な働くスタイルを持ち、突き抜けた才能を充分に活かせる社会が実現できれば、日本をリードし、イノベーションを起こし、世界で活躍できる人材がもっと生まれるだろう。

新たなる挑戦の始まり

プロジェクトが動き出す

二〇一四年四月、異才発掘プロジェクトの記事が朝日新聞より配信されると、事務局には問合せが殺到した。

「育て、未来のエジソン　学校なじめぬ子ども、東大先端研など支援」と題された。

「エジソンのように」、「適応教室では満足しきれないとがった子が牙を磨く教育の場を作りたい」という記事のセンセーショナルな言葉に目を引かれた人たちからは「ギフテッド教育を東大がするのか」、「不登校の子どもがスタンフォード大学やハーバード大学に入学できるのか」という問合せを受けた。

子どもの才能を充分に発揮できる教育環境が整っておらず、どうすればよいかと悩んでいる親も多くいることがわかった。

八月五日、第一回の説明会が東京大学先端科学技術研究センター(先端研)のＥＮＥＯＳホールで行われると、三百名の来場者で会場は熱気を帯びた。

説明会は全国各地で行われ，多くの人が集まった

いったい、どんなプロジェクトなのだろうかと興味津々で訪れた人も、なんとか我が子を救ってほしいと藁をも掴む気持ちでやって来た人もいた。

プロジェクトを共同運営する日本財団の笹川陽平会長は、日本人は集団生活が好きで、その枠にはめ込もうとする考え方を、日本の文化的な土壌を例にあげ、説明した。

「歌舞伎も、能も、茶道も華道もすべて形から入り、形を決めてその中でやっていくというのは日本の長い伝統文化です。個性豊かであることは、そういう文化の中ではマイナスだと言われる状況が長く続いてきたわけです。

しかし、現代のようにスピードの速いイノベーションの時代にいては、画一的な教育のもと、鋳型の中で育てられた子どもだけでは日本のイノベーションは起こりえません」

中邑先生とともに、イノベーションに臨む強い志が来場者に向けて語られた。

プロジェクトについて、中邑先生が話を始めると、熱心にメモを取る保護者の姿もたくさん見受けられた。

説明会は全国で行われ、ホームページで応募の方法が告知された。

六百一人の応募の中から、まず、書類選考が行われた。

研究室を覗くと、山積みにされた応募書類を一つずつ丁寧に読み込んでいる先生たちの姿があった。

親が応募を勧めたとしても、子どもがこのプロジェクトに取り組む意志がなければならない。

前例のないプロジェクトに子どもたちの夢も膨らむが、何より、中邑先生やスタッフがワクワクする様子が伝わってくる。

どんな子どもたちに出会うことになるのだろうか。

突出した能力はあるものの学校にはなじめず、オールマイティに物事をこなせるわけではない。

不登校の子どもは、時間がたっぷりある。その時間をどのように使っているのか。夢中で取り組んでいるうちに、一つのことを突き詰め、特化した知識や研究心を持ち、同じ歳の子どもとは全く話が合わない子どもたち。学校からは「変な子」とか「やっかいな子」として扱われ、教室に居場所を見つけられずに不登校となり、ますます好きなことにのめり込んでいる子どもたちが集まった。

その後、ＲＯＣＫＥＴのディレクターやスタッフが全国に散らばるスカラー候補生全員の家庭訪問をして、本人や保護者の希望を聞き取り、現在どのような環境におかれているのか、自分がやりたいと思って取り組んでいることなど充分に話し合った。

これから長い付き合いとなる本人や保護者と事務局スタッフの関係を作り、何でも相談できる環境を整備していった。

そして、スカラー候補生が在籍している学校を訪問し、校長先生や担任の先生にＲＯＣＫＥＴの主旨を説明し、子どもたちがＲＯＣＫＥＴへの参加期間の平日を出席日数として配慮してもらえるようにお願いした。

最終的に全国六百一人の応募の中から小学三年生から中学三年生の男子十四人、女子一人の第一期のスカラー候補生が決まった。

学びの場

東京大学先端科学技術研究センターの起源は、一九一八年に設立された東京帝国大学航空研究所だ。当初は越中島にあったが、関東大震災を契機に現在の東京都目黒区駒場に再建され、一九三〇年九月に移転を完了した。

異才発掘プロジェクトのROCKETという通称は、航空研究所のあった場所で学ぶということに由来している。従来の殻を破り、社会の変化から生じる新たな課題へ機動的に挑戦する研究機関だ。

その昔、未知の世界だった宇宙への夢を抱き、ロケット打ち上げのために続けられた研究は、どれほど大きなものだったのだろう。

誰もやらなかったことに向けて挑戦する。それがROCKETの取組みだ。宇宙は真っ暗で果てしなく広い。そして、いくつもの新しい可能性を秘めている。

中邑先生はこの場所の中でも最も古い校舎に目をつけた。

移転した当初に建てられた一号館は木製風洞がある。長距離飛行世界記録を作った航研長距離機や国産旅客機YS-11などの設計にかかわった日本の航空史を語る上で極めて重要な風洞とされている。

その建物の地下に、子どもたちが学ぶキッチンと教室を作った。

私は、改装される前の地下室を訪れた時、お化けが潜んでいる廃墟のように感じた。風洞に使われていたであろう古い滑車や太い鎖が置いてあり、この場所でほんとうに新しいことが生まれるのかと思ったが、試行錯誤の末、ほかにはない美しい学びの場が出来上がった。

とくにキッチンは、真っ白なシンクと壁に囲まれ、ここでどんなことが行われるのか楽しみで仕方がなかった。

三階の部屋には、中邑先生のコレクションでもある北欧で作られた椅子が所狭しと並び、おしゃれなカフェのような空間で、リラックスして会話ができるスペースが設けられていた。緑に囲まれた敷地は世界各国からやってきた留学生ともたまに顔を合わせ、国際色豊かで恵まれた環境は整っていた。

開校式

二〇一四年十二月十日、一期生の開校式が行われた。

緊張した面持ちで会場に集まった子どもたちと同様に、それを見守る保護者の姿もあった。

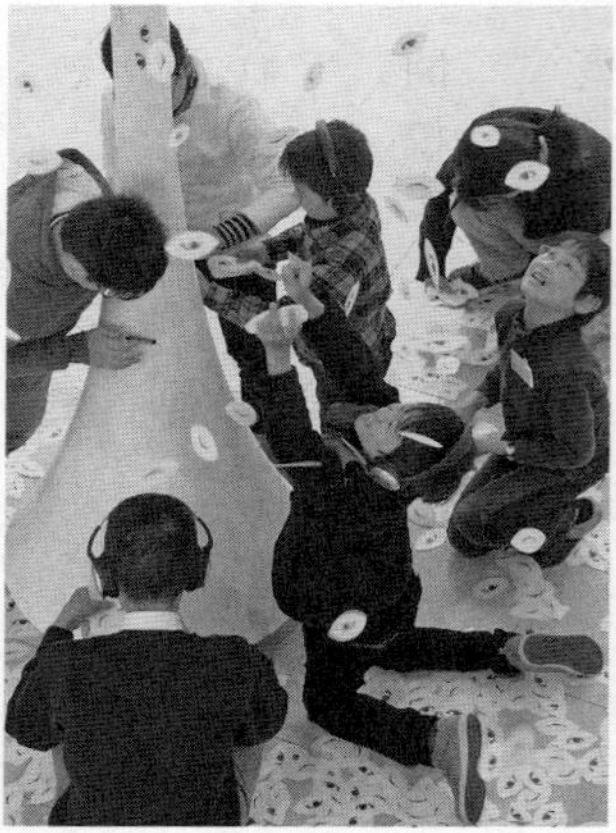

集団でいても好き勝手に行動する子どもたち

日本財団の笹川陽平会長を始め、先端研の西村幸夫所長、福島智教授もお祝いに駆けつけた。

ユニークな才能を社会で活かすための教育に期待がかかるとともに、「前例がなければ前例を作れ」と福島先生からスカラー候補生に励ましの言葉もあった。

文部科学省児童生徒課の内藤敏也さんからは、不登校の子どもが増えている現状があることも伝えられ、このプロジェクトに期待が寄せられた。

「異才発掘プロジェクト」というインパクトのある名前に、多くの報道陣が訪れ、子どもたちを囲んだ。

生まれて初めての環境だが、子どもたちは自分のペースを変えることはない。空気をよむこともしない。

来賓の挨拶の間も、大声で自分勝手に話したり、立ち上がって動き回ったりした。子どもたちにとって、戸惑う大人たちなどおかまいなしだ。

次にスカラー候補生が一人ずつ自己紹介をした。

その立派な姿とやってみたいことの興味の深さ、専門性には驚かされた。特化した才能は見てとれたが、学校教育に馴染めないということを忘れるほどだ。

しかし、珍場面も繰り広げられた。

大人が話している間、うろうろと立ち歩いたり、勝手に教室から出ていったり、机の上に顔を伏せるなど、その行動は自由である。

大人は危険な行為でない限り、注意することはない。ここでは全て子どもたちの自主性に任されているのだ。

枠を外して、それぞれの子どもたちのペースで、自由にやりたいことをやる。

それぞれの夢をのせたＲＯＣＫＥＴの着火準備はできた。

どこへ飛んでいくのかまだわからないが、宇宙は果てしなく広い。

不登校なのに東大へ通う

マスコミはＲＯＣＫＥＴのことをセンセーショナルに報道した。

新聞や雑誌、テレビやネットのニュース、特集も組まれた。

「落ちこぼれが天才に変わる」、「この中からノーベル賞受賞者が生まれるかもしれない」など、スーパーヒーローの誕生を作り上げるような取り上げ方だ。

発達障害にだけスポットを当てられたり、社会からはみ出したゆがみが強調されたりするなど、中邑先生の意図とは違う形で伝えられることもあった。

子どもたちは今までにない取材を受け、不登校なのに東大へ合格したように錯覚したり、家族が「これで今まで心配してきたことが報われた」などと思う気持ちも否めなかった。

「学校にはあれほど行きたくないと言っていたのに、ROCKETには毎日でも通いたいというんです」と子どもの変化に喜びを隠せない親もいた。

家庭では「学校に行きなさい」「行きたくない」と散々繰り返し、「なんで学校に行かないの！」「なんで行きたくない気持ちをわかってくれないの！」とバトルが続く。

子どもを持つ親であれば、誰もが同じことを考える。

学歴さえあれば大丈夫、みんなと同じだと安心する、世間とずれることが怖い。

子どものためと言いつつ、親の見栄や欲、安心や楽という思いも拭えない。

ちょっと変わった子、やっかいな子、どうしようもない子たちが、特異な才能を持った素晴らしい子に変わる。そんなことを頭に思い描いた親も少なくない。

悩みに悩んで、どうしていいかわからなくなったころに、このＲＯＣＫＥＴが一筋の光のように感じたとしてもそれは無理もない。

目の前の子どもが変わるわけではない。子どもがいる環境が変わるということなのだ。

「選ばれたからえらいとか、東大に来るからといって東大生になったわけではない。何もしなければ何も始まらない。自由があるかわりに、自分で考えて、自分で行動しなければならない。やりたいことはとことんやっていい。本気でやりたいことはいつだって応援するから。そのための費用だって出す。ただし、それが必要だと認められたらね。きみたちはやりたいことをやるために大人を説得する。どれくらい本気で考えているのか見せてほしい」

中邑先生は、子どもたちに自由だからこそ責任が伴うことを伝えた。

学歴やみんなと一緒がいいという考えから、子どものユニークな個性を長所と捉え、人と違ってもいい、世間とずれていてもいい、好きなことがあればいきいきと生きていける。親はそれこそが子どもの幸せだという考えに切り替えることができるのだろうか。

親ができること

「子どもに対して口うるさい親だと思いますか？」と中邑先生は保護者に問いかける。

子どもたちの特化した才能をつぶさないようにするには子どもたちの周りにいる親とのかかわり方が重要だ。

「レゴブロックでものを作るのが好きな子どもがいて、夜九時までやっていると、ほとんどの親が、いつまでやってるの、早く寝なさい、と言うでしょう。

本当にレゴが好きでものづくりに熱中しているのであれば、放っておけばいいんです。

頑張っているところを親に見せ、ほめられたいだけの子どもは、親が寝てしまったら、十分も経たないうちに寝ます。

本当にレゴに興味があり、ものづくりが好きならば、たとえほめられなくてもずっとやり続けます。なぜ、やり続けられるのか。それはほんとうに好きだから、やりたいからなんです」

親は子どもが夜遅くまで取り組んでいることが勉強だと安心して、趣味や遊びだと止めさせようとする。将来、学校の勉強は役に立ち、レゴブロックは役に立たないと考える。

人と違うことを恐れ、子どもの才能よりも学歴を信じる。それで生きていけると安易に考えてしまう。

親は子どもに、学校の勉強とは関係なくても、好きなことをとことんやらせる勇気があれば、子どもたちの特化した才能はもっと花開くのではないか。

一つでも自信を持てれば、その興味のあるものを深く掘り下げていくことで、世界は広がっていく。

しかし、学歴社会の中で育った親にとって、子どもが人と違うことをやっていると不安になる。自ら、子どもの興味の芽を摘み取ってしまってはいないだろうか。

「計画の中でものごとを進めていくと子どもたちは好きなことをとことんやるということがない。それは時間の制限があり、ゴールが決められているからです。

すごい力で集中できるのは、頑張っているのではなく好きだからやっているのです。努力していると感じることなく真剣に取り組むことができるのです」

子どもが自分の道を築こうとしていることを、親は理解できずに、どこに向かっているのかがわからなければ、待つことができない。

「早く起きて！　学校に行く時間よ。もう間に合わないじゃない。忘れ物はない？」

と慌ただしい朝が始まる。

小学校の低学年のころは、しつけとして、親があれこれ教えなければならない時期もあるが、ある程度大きくなってくれれば、自分で行動しなければならない。

「親が起こすと、学校に間に合わなかった理由を親のせいにするようになります。起こさなくていいのです」と中邑先生は言う。

しかし、親の頭の中では、遅刻が多いと内申書の点数が悪くなる……高校受験はどうなるの？ と気がかりなことがたくさん出てくる。子どもを信じて子どもに任せるということがなかなかできずについつい口うるさくなってしまう。

「大学という存在も、十年先はどうなっているのかわかりません。大きな会社があれよあれよと外資に合併されるようなことが起こっている世の中です。親が無理矢理学校に行かせても本人のためにはなりません」

先生の話はいつもその通りだと、その場でうなずく親も多いが、その場を離れると学歴が気になり、人と違う我が子を心配してしまう。

中邑先生の子ども時代

中邑先生はものを集めるのが大好きで、一号館の三階の椅子にいたっては置くところがなくて、椅子だらけの部屋もある。椅子がぎっしりと並んでいるため、座ることができず、もはや椅子の役割を果たしていない。とことん集めるのは椅子だけではない。コーヒーカップの収集も素晴らしい。来客があった時に紙コップでマシーンから出てきたコーヒーをジャーッと注いで出しても特別な会話は始まらないが、このカップ一つで来客の人柄や興味の方向を探ることができる。

ある人は「わぁ、面白いデザインのカップですね」とデザインをほめ、またある人は「これは北欧のものですか？」と北欧に興味を示す人もいる。

中邑先生は、子どものころから収集癖があり、それは制御不可能なほどやっかいな少年だった。

貝殻、古銭、切手、切符、絵はがき、牛乳びんの蓋、虫、蜘蛛などを集め続けた。

著者が取材に行く途中，中邑研究室のある校舎の前に太陽の光が差し込み，まるでROCKETの子どもたちと宇宙をつなぐパイプのように見えた

そのうち、顕微鏡が欲しい、標本箱が欲しい、採取旅行に行きたいなどと、お金が必要になったが、親に頼んでみたものの、「働いて自分で買いなさい」と突き放された。
現代の子どもたちなら、欲しいものが手に入らなければ諦めてしまう子も多い。

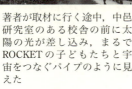

しかし、毎朝五時前に起床して新聞配達をして、自分でお金を作り手に入れたという。好きなことのためなら、早起きも苦にならない。親に買ってもらったわけではないので口出しもされることなく、使用に関しても制限されない。

自分の好きに使える顕微鏡では蝶の生態を調べるなど、ますます好きなことにのめり込んでいった。親からすれば、「ちょっと変わった手に負えない子ども」だけれど、自分の責任で必要なものも手に入れ、勝手にやるのならばしょうがないとその行動を受け入れられていた。

特化した才能を持ちながら、受験に対応できる能力も持ち合わせていたため、大学で研究に勤しむことができた。

しかし、子どものころは、ROCKETにやってくる子どもと変わらないユニークさを備えていた。

だからこそ、ROCKETの子どもたちの気持ちが手に取るようにわかるのかもしれない。

子どもたちと格闘するスタッフ

中邑先生がスタッフを紹介する時、いつも「みんな変人です。相当変わっています」と言う。いわゆる学校の先生のイメージは全くない。

中邑研究室にはスペースシャトルに持ち込まれ、国際宇宙ステーションで若田光一宇宙飛行士と会話したロボット「キロボ」を作ったロボットクリエイターの高橋智隆さん、ニュートンの万有引力の発見をけん玉で表現したりんごのけん玉や、瀬戸内海を走る船がファスナーとなりどんどん地球を開いていく様を作品にしたアーティストの鈴木康広さん、カドケシをデザインした神原秀夫さん、元オリンピック選手の為末大さんもいる。いずれも特化した才能を持ち、それに夢中になって突き進んでいる人たちだ。

子どもたちと日常的にかかわるプロジェクトリーダーの福本理恵さんは料理研究家で子どもたちに突き抜けた料理を提供している。プロジェクトマネージャーの沢渡一登さん（日本財団）は資金獲得や企業との連携を行うだけでなく、時には子どもたちと一緒に旅に出たり、プログラムを共にしたりする。

特別支援学校の研究をして、アメリカで子育ての経験をしたコーディネーターや、舞台芸術が専門で世界で一番自由な学校と呼ばれる英国のサマーヒル・スクールを卒業したマネージャー、関西の大学でソーシャルビジネスの勉強をした後にやってきたスタッフや不登校経験のあるユニークなアルバイトスタッフもいる。

いずれもROCKETの子どもたちに劣らない個性の持ち主だ。専門性も違い、フルタイムでないスタッフもいる。子どもたちと一緒で、それぞれの自由な生き方を尊重し、いきいきと働いている人たちばかりだ。

何が起こるかわからない現場でも、躊躇せずに子どもたちと真剣に向き合い、寄り添う。それがどれくらい大変なことかは想像もできないが、枠のない学びの場でその懐の奥深さに私は感銘を受けた。

それぞれが専門の分野から子どもたちの活動を支えていた。

「ユニークな子どもたちがいきいきと学べる社会の実現を願う点では心は一つです。この気持ちを強力な推進力にして、突き進んでいます」と、ＲＯＣＫＥＴのスタッフに自信を持っている中邑先生は改めて、

「私だって変人ですから。一つのことを突き詰める人はちょっと変わってなきゃできないんです。だから、子どもたちが変わった子でも大変な子でも問題ありません。そういう子どもの特異な能力をつぶしてはいけないのです」と力強く、このプロジェクトの進むべき道の方向を示した。

ROCKETにないもの

教科書がない

ばらし方がわからないのなら，私が下に投げ落としてばらしてみせよう

学校のように「教科書通りにやってごらん」などと言っても教科書を開く子どもはここにはやってこない。やらされるという感覚に窮屈さを感じてしまうのだ。強制と束縛を嫌う。

ただ、わがままだからではない。もっと他にやりたいことがあるからだ。

教科書通りにやりたくないと言っているのに、彼らの想像を超える課題を与えるとiPadで検索し始める。知らないこと、興味のないことは、何も考えずに答えを出したいのだ。時間や手間の無駄を省こうとする。

マニュアルがあれば、そこに書かれている通りにすると失敗しない。失敗することは、面倒で格好悪い。そんなことはしたくない。

答えがすぐにわかるという思考は、大人が子どもに求めてきたものだ。「何グズグズしているの！　早くしなさい」、「いつまで考えてるの、さっさと決めなさい」という声は、いろんな所から聞こえてくる。

考えなくても答えだけがわかればいいという安易な考えが、子どもの能力をつぶしている。答えの載っている教科書ではなく、深く考えなければ答えがわからない、深く考えても答えに辿り着けない課題に取り組むために、教科書は使わないのだ。

常にリアリティを追求する。体験をしてこそ、本当に身につくのだ。

時間の制限がない

好きなことをやっているとつい時間を忘れる。時間に制限をつけると、中途半端なものになってしまう。しかし、現実の社会では時間の制限は必要だ。

ＲＯＣＫＥＴの子どもたちはまんべんなく全てのことに着手しなくてよい。特化した能力に全ての時間を費やしてもかまわないのだ。

そんなことをしたら、社会に出た時に困るという声が聞こえてきそうだが、それを受け入れる社会を作ろうとしていることもROCKETの取組みである。

もちろん、現状の教育の中で時間を大切にして、カリキュラムをこなし、オールマイティな人を育てることも必要で、それはここではなく、公教育の現場で行われている。

それに当てはまらない子どもたちがここには集まってきているので、ここで行われていることは全ての子どもたちに当てはまる教育ではない。

空気の人

時間に制限を持たずに、物事に取り組んだことのある人はどれくらいいるだろうか。
アーティストの鈴木康広さんがロンドン・デザイン・ビエンナーレに出展する制作に近くに住む不登校の子どもたちが参加した。「空気の人」と呼ばれるアクリル像の研磨作業を手伝った。目的やその意味もよくわからないまま、中邑先生に「どうせ暇だろ？　ちょっと手伝え」と呼び出されたのだ。不登校の子どもゆえ、時間はたっぷりとあった。磨いているうちに、だんだん夢中になっていった。子どもは鈴木さんに、「あとどれくらい磨けばいいのですか」と尋ねると

「あぁ、だいぶできてきたね。一〇〇%のうち九〇%くらいかな。でも、三〇〇%にすると六〇%かな」という意味不明の言葉が返ってきて、子どもは戸惑った。

日常での完成を意味する数字は一〇〇%だ。三〇〇%とは謎である。とにかくまだ、未完成であることだけがわかった。

子どもは磨き続けたが、細かいところの磨きに満足できず、鈴木さんに確認すると、「いちいち聞かないで、自分がこれでいいと思うところまでやりなさい」と言われた。

その時、子どもは、完成とは自分の納得のいくところまで突き詰めてやることなのだと気づき、三〇〇%の意味を理解した。

日常の会話の中で「あと五分で終わりにしなさい」とか「何日までに提出しなさい」などとせっかく芽生えた考える力をぶつ切りにしてしまうことも多い中、制作を手伝った子どもたちは突き詰めて物事に取り組むことの素晴らしさを体験することで身につけた。

計画性がない

ROCKETのプログラムは計画性がない。時間に制限がないのだから、計画が立てられないこともある。計画があると驚きがなくなるのだ。

唐突に予定が変更されることは日常茶飯事なので、子どもたちはそれに戸惑う。しかし、日常的に計画なく生きている自分の行動には気づかない。

計画性を持たずに行動すると、予期しなかった偶然との出合いがある。偶然が感動を導き、新しい発見に繋がる。

ノーベル賞受賞者の記者会見でも「偶然間違えて」「たまたま失敗して」という言葉を耳にすることがある。世紀の発見でもそのようなことから起こるのだ。

また、計画性がないということは、突然どこかへ出向いたり、何かに取り組んだりすることもある。準備が充分でないからこそ、予測できないことに出合う。

テレビやインターネットを見て、行ったつもり、やったつもりになる時代だ。

そこに辿り着くことで空気の冷たさや独特の香りや味覚、言葉では表現できない心の動きや、肌が触れ合うぬくもりを感じることができるのだ。

「行くぞ」、「やってみろ」と声がかかり、やってみたければやる。やりたくなければやらなくていい。それがROCKETの計画性のなさだ。

目的がない

子どもたちは目的のないことをやらない。

中邑先生が子どもたちに声をかける。

「おい、電車に乗って旅に行きたい人！」

子どもたちは口々に電車に乗って行きたい地名ややりたいことを言った。

「北海道で美味しいもの食べたい！」「松阪牛が食べたい！」

ところが、中邑先生が

「山手線に始発から終電まで乗って旅をしよう」と言うと子どもたちは一斉に文句を言い始めた。

「時間の無駄です」とか「意味ないじゃん」などと発言は止まらない。

「やってみなければ、無駄かどうかわからないじゃないか」と先生が言っても、

「そんなことはやらなくてもわかる」と子どもたちはそっぽを向く。

子どもたちは常に過保護なくらい安全の中で生きてきた。あれをやってはダメ、これをやってはダメ、「危険だから」、「無駄遣いだから」と行動を制限されてきた。

本当に危険なのか、無駄遣いなのかまで考えて制限をしているわけではない。

もちろん、本当の意味で危険なことは避けなければいけないが、大概の場合、もし、何か問題が起こったら面倒だから制限しているのではないか。

危険なことが起こる可能性がある遊具で遊ぶ時は、なにが危険なのかを教えればよいし、無駄なお金の使い方かどうかも、そのお金の価値を認識したり、手に入れたもののその後の使い方によって変わってくる。

しかし、ちょっとでも負の可能性があるのならば、手出しはしない。触らぬ神にたたりなしと言わんばかりに、面倒に巻き込まれることはしない。

山手線で実際にぐるぐる回ってみると、何周かするうちに外の景色にも飽きて、乗っている人を観察するようになる。

しかし、自分の反応に即時に答えが返ってくるゲームに慣れている子どもたちにとっては黙って目の前の乗客を観察することは苦行だと感じる。

「あの人は○○会社の紙袋を持っていたので、電車を降りたら、一周目に窓から見えたあのビルに行くんだろうな」とか、

「この制服の人はみんな頭が良さそうだけど、どこの学校の人かな」とか、

「あの人の職業は、きっと学校の先生に違いない」などと予想する。

しかし、答えはわからない。今まで出会ったことのなかった人たちがそこにいる。こんなにたくさんの人が乗っているのに、誰のことにも興味を示さずに、携帯をずっと触っている人が多いことにも気づく。

「あぁ、こんなに電車の中は面白いのに携帯しか見ていないなんてもったいない」と山手線の〝無駄な〟旅を楽しめた子どもは何人くらいいたのだろうか。

ROCKETに集まるユニークな子どもたちは、それぞれ違うユニークな個性を持っているはずなのだが、無駄なことはしたくないということに関しては同じ考えを持っているようにみえる。

「目的に生きるようになったら、その思考は目的の周りにしか働かなくなります。視野も興味も広がらずにどんどん狭くなる。目的なく行動することが勇気のいることになっていて、それを実行する子どもは多くありません。

不登校で時間はあるのに、無駄なことができない。何もしない時間をネガティブに捉えて苦悩する子どももいます。目的のない時間をポジティブに捉え、無目的の恐怖から解放される必要があるのです」

目的に向かって行動しないことが役に立たないことだと自らを責め出す子どもたち。

目的のない無駄の中に意味を見出すことこそ、新たな目的を生む。

友達はいらない

ROCKETの子どもたちには学校で友達がいない子もいる。「ちょっと変な子」「空気のよめない子」「コミュニケーションのとれない子」として排除され、居場所を奪われ、いじめられてきた子どもたちは、友達を求めてこの場所にやって来た。

ロボットクリエイターの高橋智隆さんは、ロボット作りを一から一人でやっている。人に頼むのが面倒だし、自分の作りたいものができなくなるというのだ。

ROCKETもみんなで仲良く作りましょうという場所ではない。「ちょっと変わった子」同士集まってなにかやろうじゃないかという場所だ。

学校のように、「明るく、楽しく、元気よく」なくても良い。「暗く、静かに、ひとりで」という場所があってもいいのだ。

中邑先生は、友達はいなくても大丈夫だという。

「好きなことをやり続けていれば、今は友達がいなくても大丈夫。大人になって、世界が広がると同じ興味を持つ人たちが仲間になる。今、同じことに興味を持てる子どもが周りにいなくても日本中、世界中には自分だけだと思っていた興味にも関心を持ち、情熱を注ぎ続ける人たちがたくさんいるから安心しろ」と孤立して苦しむ子どもたちに声をかける。

だから、好きなことをとことん突き抜け、まだ見ぬ友達と出会った時に、その興味が本物であるよう、掘り下げて自分のものにしておけばいい。学校という狭い世界で物事を考える必要はない。

子どもたちにとって、与えられた場所が全てだと思い込みがちだ。広い世界の入り口の扉があけられるようROCKETは後押しする。

子ども扱いしない

親のできないことを子どもがやってみせると「うちの子、天才じゃないのかしら」と親はすぐに喜ぶ。

例えばパソコンのプログラミングも、コンピュータの進化により、昔とは違って簡単にできる仕組みのものもある。それを知らない親が、子どもをほめたたえる。すると、子どもは調子にのって、自分のありもしない才能にうぬぼれる。ＲＯＣＫＥＴではそんな子どもの勘違いを許さない。

「それくらいできる人はたくさんいるよ。きみは異才でもなんでもないじゃないか」と言って子どもたちの天狗になった鼻をへし折る。

そして、本物の「すごい人」を連れてくる。大人になってもなかなか会えないような人が、ＲＯＣＫＥＴの子どもたちのためにやってくるのだ。

トップランナー講義には世界で活躍する人たちが協力している。どの先生もスカラー候補生を子ども扱いしない。簡単な言葉に置き換えたり、表面的なことで満足させようと思っている人は一人もいない。

いつも子どもたちと真剣に向き合いながら講義を行った。

大きなホールで行うこともある。大御所の先生のトップランナー講義でも子どもたちはマイペースで堂々と寝てしまい、さすがの中邑先生も冷や汗をかくこともある。

東京武道館の建築で有名な六角鬼丈先生の講義があった。

東京武道館では「武道は芸術の一つ」というコンセプトで、あちこちに芸術作品が展示されている。さらに、設計時には敷地内で火を焚く構想があったが、経済的な視点から実現は叶わなかったそうだと先生が話すと、子どもから

「芸術作品なのに経済を理由に制限を受けてできなかったことには納得されたんですか？」という質問が出た。六角先生は、

「納得はしていない。でも、武道は芸術だと言ったのは私だけなんだよ。当時の審査委員たちはとても評価してくれたんだけど、審査をした人と管理をする人は別。つまり、時代は変わって、経済性が問題になってくると、まず贅沢品はなくてもいいと外される。芸術や美学っていうのを外させないようにすることが、建築家の闘いともいえる。

でも、そのころには建築家が首を切られているかもしれないんだよ。難しいところだね。それは日本自身の体質だと思う」

質問も解答も奥が深く、芸術から経済、日本の体質にまで触れている。プロとしての本音も語る。

「独創的なことはどこから湧いてくるのですか？」とROCKETの子どもたちに共通する質問が出た。

「多分、普段からいろいろなところに興味を持っていて、その興味と仕事がうまく重なった時、独創性が生まれる。

だから、日頃から自分が何に興味を持っていて、何を学んでいるのかということが大切になる。必ずしも全部が役に立つとは限らない。百個のうち、一個か二個、役に立てばいい方だね」

六角先生とのやり取りは、大人同士のやり取りと全く変わらなかった。他にも、たくさんの質問が出たが、

「建築物を作る時に一番大切にしていることは何ですか」という質問に、

「作品の中に魂を入れられるかどうかだ」と六角先生が答えると、ハッと顔を上げた子どもがいた。

魂を入れた作品こそが必要とされるものなのだ。最後に中邑先生が子どもたちに話しかけた。

「みんながやっていることと、六角先生がやっているもの作りは、何が違うか考えてほしい」

大きなものを作る時、ものすごい時間とエネルギーと、人を動かす力が必要なのだ。

それを子どもたちは感じることができただろうか。

「挨拶をしなくてもいい、来たくなければ来なくてもいい。何だって自由だ。

でも勝手にやるなら、自分で何か一つ身につけること。その後、それを見せながら人とコミュニケーションをとることも考えていかないと、大きな物は作れないし、世の中は動かせない」

子ども扱いしないということは、それなりの責任が大人にも子どもにものしかかってくる。子どもたちには常に選択の自由が与えられている。どのように取り組むのか、どの道を歩んでいくのか徹底的に議論を重ね、前に進む。

第三章　特化した才能を伸ばすプログラム

ROCKETのプログラム

ROCKETには五つのプログラムがある。体験を通して知識を得るABL、プロジェクトを通して物事の進め方を学ぶPBL、トップランナーの生き方を学ぶTT、その他の講義LEC、そして、国内外への研修旅行STだ。

素晴らしいプログラムがたくさんあるが、その中で、私がその場にいて取材したり、プログラムの前後に先生や子どもたちから直接話を伺うことのできたものの中からいくつかのプログラムを紹介する。

体験を通して知識を俯瞰する　ABL（Activity Based Learning）

ROCKETの子どもたちには、読み書きが苦手な子どももいる。その子どもたちも不自由することなくここでは活動を通して知識や技を学ぶ。

自分の手足や頭を使ってリアルな体験をしながら学んでいく。面倒なことも、計画通りにいかず失敗することもある。そこでは学ぶ楽しさと、生きる上で必要な知恵を身につける。

解剖して食す

一期生がまず最初に取り組んだABLはイカを解剖して食すというテーマだ。目の前にあるぬるぬるとした白い物体に、子どもたちは何から手を付けてよいかわからなかった。すぐにiPadに手が伸びる。それを禁止すると、平気で先生に尋ねる。

「これ、どうすればいいの?」

先生の言うことを聞かない、言われた通りにできない子どもたちが、先生を頼る。インターネットがあればすぐに解決できるのに、と嘆く子どももいる。

用意されたイカは五種類。それぞれ形が違う。与えられたミッションは「墨袋を破らずに取り出す」、「仕上がりを考えてイカをカットする」、「美しく盛りつけたパエリアを作る」の三つ。子どもたちは何の知識もなく、頭と手を使って挑む。

ぬるぬるしたイカを手で触ることすら躊躇する。まな板の上に載せようとすると、スルッと手から離れ落ちる。

「ギャーッ、助けて〜」、「もうヤダ!」と叫びながら、泣き出す子どももいた。

廊下で子どもたちの声だけ聞いていると、いったい何が起こっているのかと不安になる。

子どもたちが墨袋はいったいどこにあるのか、食べられる部分はどこか、どういう構造をしているのかを手探りで調べながら進めた。

二期生の課題は硬い殻に身を覆われた甲殻類だ。戦闘機のような形をしたウチワエビやアニメでよく見るセミエビなど、実際に見たことのない立派なエビが目の前に並んだ。子どもたちは一期生と同じように一斉にiPadで検索しようとする。初めての体験にはマニュアルが必要なのだ。

「好きに食べて」指示はただそれだけだ

iPadの使用が禁止されると、やっと目の前のエビやカニの姿をよく観るスタートラインに立つことができる。

カニやエビはまだ動いている。命を食すのだ。先生が少し油断した隙に、子どもたちはどこからか、手袋とトングを探し出した。素手で触れないのだ。

何が起こるかわからないので、恐る恐る触る。生きているエビはじわじわと甲羅を剥がされ、どんどんささくれだってくる。「一気にスパッとやって美味しく食べてくれ」とエビの声が聞こえてきそうだ。こわごわ触りながら、やっていくうちに、エビはぐったりと動きを止める。

「はい！　ここまで」という時間の制限はない。考える時間はたっぷりある。その中で子どもたちは何を感じ、何を考えるのか。

この「解剖して食す」というプログラムの中には、単なる調理をするだけでなく、様々な要素が含まれている。

生理学・生物学・地球環境学、産地やここに辿り着くまでにかかわった人たちの物語など、解剖しながら子どもたちの興味の先は様々である。

インターネットで得る知識が全てではない。ほんの一部でしかないことを知る。

とことんリアリティを追求することで、今まで知り得なかった感覚を磨く。それが、ＡＢＬだ。

非常識が生み出すイノベーション　デジタル飯

キッチンを訪れると、真っ白な調理台に色とりどりの美しいキューブが並べてあった。積み木のようなパズルのようなその形状をよく見ると、食材だった。

2・5センチ角の立方体は人参、キュウリ、カボチャ、レンコン、タマネギなどの野菜から、牛肉、サーモン、ベーコンなど肉魚類もある。きちっと同じ形に切りそろえられ、美しく容器に収められていた。

子どもたちも私も、どんな美味しいものができるのかとわくわくしながらプログラムが始まるのを待った。

「はい、これから調理をします。調理といっても、エビやカニのように格闘しなくてもいいですよ。それが苦手なことはよくわかりました。散々文句を言われたので、今回はきみたちにぴったりの調理法を用意しました。ここに様々な食材のキューブが三百個ほど並んでいます。好きな食材を二十七個選んで、耐熱ガラスに入れてください。横三列、縦三列に積み上げ、レンジで三分間チンすれば出来上がりです」

(上)「これ，何？」と目の前に出された食材に驚く子どもたち．(下)デジ飯の素材となるキューブ．野菜，肉，魚も全て同じ大きさにカットされ，カラフルな美しい立方体

ゲームが得意で生ものがダメならば、ゲームのように楽しめる調理法を福本先生が提案した。
調理の他に、キューブひとつの栄養素の一覧表があり、自分が食べたものの栄養素を割り出すミッションもあった。

たくさんのバリエーションがあり、このデジタル飯が本日のランチとなるため、子どもたちは食材を真剣に選んでいく。

色味の美しさにこだわる子どももいれば、栄養素を気にして選ぶ子もいた。ガラスの器にきれいに並べていった。

どんな味になるのか想像しているうちに神妙な顔つきになる子もいた。

何も考えずに、好きなものだけを入れる子どももいた。牛肉、ベーコン、チーズ。ここまでは美味しそうだなと見守っていたが、さらに大好きなチョコレートを選んでいた。

このままレンジでチンするのかと黙って見守っていると、先生は、

「肉とチョコの組合せか？ 斬新だね」と平気な様子。子どもは

「一つずつが美味しくて大好きな味だから、全部合わせても美味しいに決まっているよ」と味には自信があるようだ。

このデジ飯は、作った人が責任を持って食べなければならない。好きなものが嫌いなものに

なってしまうのではないかと心配した。つい取材していることを忘れ、私は親の視点になっていた。

三分間のレンジを終え、好きな物だけを入れたガラス容器からはプ〜ンと何とも言えない匂いが漂っていた。見た目は美しくない。チョコレートやチーズはどろどろに溶け、肉にまとわりついていた。

「わあこれなに？ すごい匂いだね。早く食べてみてよ」とその見た目と匂いから想像できない味の感想を聞きたがる子どもが集まってきた。

チョコレートやチーズの絡み合った肉のキューブを口の中に入れると、みんなの予想を覆し、作った本人は「美味しい」と微笑んでみせた。

「ほんとに美味しいの？」と疑った先生が一口食べると、間違いなく美味しかった。

常識では考えられないことに挑戦することで、新しい発見が生まれる。

時にはイノベーションを生み出す。ROCKETの醍醐味の一端を見た気がした。ものすごく考えて、組み合わせたデジ飯でも、美味しくなかったものもあった。基本的には塩とオリーブオイルのみで調理したが、どうしようもなく他の調味料を足して、なんとか食べる子どももいた。

調理には興味はなくても、栄養素の計算にはいきいきと取り組み、あっという間にその割合を算出する子どももいた。

ユニークな子どもたちのキッチンでの様子は、楽しく調理をするという家庭科的な要素よりも、五感を研ぎ澄まし、未知の世界へ挑戦する場となっていた。

プロジェクトを通して物事の進め方を学ぶ

PBL(Project Based Learning)

やりたいことがあっても、手当たり次第に進めてもうまくはいかない。物事をどのように進めていけばいいのかを学ぶプロジェクトがPBLだ。学ぶという言葉では収まりきらない。様々なミッションを通して、社会課題や人生の問題に立ち向かう態度や方法を考えていくという深い取組みだ。

北海道の原野で、自分のフォークとナイフを作る

一期生のPBLの中のひとつに「北海道の原野で鹿の角をゲットして、自分のフォークとナ

イフを作れ！」というプロジェクトがあった。

このプログラムを実行するのに、三人の子どもたちが名乗りを上げた。

そして、何度も何度も話し合いが行われるが、なかなか肝心のフォークとナイフを作るところまで辿り着かない。

まず、鹿の角があるような北海道に訪れる七月の原野はどういうところなのかを調べると、そこには熊が出ることがわかった。繁殖期のオスがメスを求めてうろうろしているというのだ。その原野に入っていくというのだから、無謀な命がけの挑戦となった。熊が出るからといって、このプロジェクトが中止になるわけではない。困難にぶち当たった時、どのように解決すれば良いのか一つずつ自分たちで考え、実行していかなければならない。

熊と闘うわけにはいかない。他にどんな方法があるのだろうか。命がかかったプロジェクトに、緊張感が漂った。

生き延びるために、何が必要なのか。安全安心な日常に慣れてしまっている子どもたちにとって、自分が命の危険にさらされる経験などめったにない。

調べていくうちに、野生の熊には聴覚や嗅覚が優れた馬が必要だという結論に辿り着いた。

鹿の角を探すために、馬に乗って原野に入ることに決めた。

今度は馬について調べることになった。

馬を乗りこなして原野に入る。そのために必要なことは何か。まず、馬の生態について知ることになった。馬はよく「人を見る」と言われるが、基本的には臆病な動物で人の気持ちに敏感に反応する。乗りこなすためには乗る人が信頼できるリーダーであることをしっかりと示し、馬の気持ちを読み取り、すぐに反応を返すという迅速で繊細な対応が必要だとわかった。

子どもたちにとって決して容易ではない。馬を乗りこなすために馬との信頼関係をどのようにして作れば良いのか、子どもたちは牧場を訪れ、馬小屋に向かった。

馬と本気で口論する子ども

言葉は通じない。声をかけてもそっぽを向かれる。信頼関係を結ぶために、子どもたちは毎日早起きして、馬小屋の掃除や餌やりをして、馬場では撫でたり、話しかけたりしながら馬の気持ちを理解しようとコミュニケーションをとった。馬小屋で馬と一緒に寝る経験もした。

愛情を持って接することで馬との信頼関係を築き、やっとの思いで原野に馬と一緒に入ることができた。

　馬を乗りこなすことが目的ではない。ここからが本番だ。馬との信頼関係のもと、子どもたちの背丈ほど伸びた草むらの中に入っていった。一本の手綱がつなぐ命の重さを感じながら、森の中へと入っていった。

　ここで、本来の目的に繋がる鹿の角を探せることになる。足元が見えない中、用心深く角を探さなければならない。子どもたちのここにくるまでの必死の思いが奇跡的に三本の角を見つけることに繋がった。

　大自然の中で、やっとの思いで手に入れた鹿の角。まだ、原材料を手に入れたに過ぎなかった。これからさらに、磨いたり削ったりしながらフォークとナイフを作らなければならない。

　鹿の角がどんどん形を変えるだけでなく、フォークやナイフの歴史にも触れ、職人の技の奥深さを知ることになった。完成したナイフやフォ

ナイフやフォークを作れという指示にもかかわらず傘を作る子ども．「だって，これも“さす”ものだ！」

ークへの愛着は深いものとなった。

コンビニでも手に入るナイフとフォーク。使い捨てのものでも充分にその役割を果たす。便利な時代になぜ、命がけの体験をし、ものづくりをしなければならないのか。公教育の現場ではこんな体験はできない。

「もし、事故が起こったら、誰が責任をとるのか」ということが問題となり、一人ひとりの子どもの体中から湧いてくる好奇心に応じることは難しい。さらに費用もかかる。社会に出て、困らない知識だけをもたらせばとりあえず困らないだろうという教育もたしかに必要だが、生きる力を身につけ、どんな困難にも立ち向かう力をつけるための教育がROCKETなのだ。子どもたちの成長は目を見張るものがあった。

このプロジェクトを成し遂げた子どものうちの一人は、鹿の角に見合うシルバーを探しているうちに、唯一無二のアンティークに惹かれるようになった。

その歴史や作られる工程にも大変興味を持ち、本場ヨーロッパに出向き、蚤の市でアンティークのカトラリーを手に入れたいと思い始めた。

ROCKETでは、購入したいものがあったり、行きたい場所があったりすると事務局に申請書を出して、実行することができる制度がある。

そして、先生たちを説得し、その必要が認められると、子どもたちの要望が叶えられる。しかし、それは簡単に実現するわけではない。緻密な申請書が必要だ。いろいろなことを丁寧に調べて、どうしても行きたいという思いと、なぜ行きたいのかという理由、そこに行く必然性を何度も何度も書いて、先生たちの前でプレゼンテーションをする。説得をするのだ。

そこに行く意味が見出され、認められた時、初めて実行に移すことができる。子どもの思いの深さや意志の強さ、やり遂げるという覚悟が認められなければ申請書を何枚書いても通ることはない。

やっとの思いでパリの蚤の市に出向いた。そこには様々な年代のデザインのカトラリーが所狭しと並んでいた。

「本場だからいいものが安く手に入るだろう」と考えていたが、アンティークの品物には驚くほどの価格がついていた。

このプログラムを通して、様々なことをとことん深く体験した子どもは、最後に世の中はそんなに甘くないということを心底感じた。

私は、このプログラムを通して、ここまでやるのかと驚きの連続だった。ミッションが与えられ、鹿の角を探すことになっていたのに、次のミーティングでは熊の生態を調べ、さらに、次の回では馬について調べ、子どもたちは右往左往しながら一向に鹿の角に辿り着く気配がなく、途中、何のための熊なのか、馬なのかわからなくなるほどだった。

しかし、最後の発表を聞いた時、この一年での成長に感動し、生き抜く力の大きさを感じた。子どもたちの可能性は、諦めなければ必ず伸ばすことができる。しかし、その方向をまちがってはいけない。ROCKETでは過保護に手助けすることはない。むしろ、「挑発する教育」を実践していた。

「挑発する教育」と伺い、初めの頃は違和感を感じたが、それは、自由と責任を与え、その意味がわかるまで、口を出したり、手を貸したりするのではなく、ただ寄り添い、子どもの成長を見守り、制限を取り除いて待つことなのだと感じた。

国内外への研修旅行

PBLプログラム以外にも、ROCKETでは国内外への研修旅行に出かけた。

旅を通して多くの人と語り合い、家族のことを考え、偶然に出合い自分を見つめなおす時間を提供している。

二〇一六年九月、中邑先生が突然、「アウシュビッツとサイバスロン」の話を持ち出した。アウシュビッツはユダヤ人が虐殺されたナチス強制収容所で、サイバスロンとは障害者の能力を拡張する技術の大会だ。

「十月に行きます。行きたい人は一週間以内に応募書類を書くように」と通達された。

こんなことが突然決まるのだろうか。通常では考えられないが、ROCKETに来ている子どもたちは不登校の子どもが多い。自由な時間をたっぷりと持っている。

この二つのテーマがどのように結びつくのか疑問も出た。一週間以内の応募書類の作成は難しいのではないかと思ったが、子どもたちはちゃんと提出してきた。

サイバスロンとアウシュビッツを結びつけ、今の世の中を考えよ

こんなお題をもらったら、大人でも尻込みする人が多いだろう。中邑先生の意図が見えないまま、子どもたちは応募書類を作成し、行きたいと手を挙げた。

選ばれる子どもの基準は特にない。いくらテーマを調べて詳しく書き、優れた書類が作成されたとしても、このプロジェクトに参加できるとは限らない。

今このテーマを必要としている子どもたちが選ばれる。これは点数で子どもたちを評価する基準がないので、ときには選ばれなかった子どもが納得できないこともある。

しかし、世の中には、納得できないこと、理不尽なこともたくさんある。自分の思うようにいかないことだらけだ。社会との接点を持つ機会が少ないと視野が狭くなるのでこだわりも強くなる。今回はスカラー候補生の中から十二人の応募があり、六人(小六〜高一)が選出され、十月六日から九日間の旅に出発した。

説明を全く聞かずに最新の義足について質問攻めにする子どもたち
スイスで開催されたサイバスロン国際大会は電動の義手や義足、車椅子を使って、障害者アスリートが速さと正確さを競う競技会で、日本からも三チームが出場していた。
事前に、日本での催事で、サイバスロンに出場する方々に会うことができた子どもたちは、最新のテクノロジーについて、非常に関心を持って臨んだ。特に、ロボットや機械工学に関心のある子どもたちは、その動き一つひとつを真剣に見た。

競技の応援にも熱が入った。思わず声を出して、手を叩きながら、「カッコいいじゃん！」「すごーい」「がんばれ！」とその様子に興奮した「技術は障害を超えられる」と目の前で繰り広げられたことは、未来への希望でもあり、更なる自信にもつながった。

障害を補うテクノロジーの進化は素晴らしく、競技会でその技を競うことで技術はどんどん優れたものとなっていた。

アウシュビッツ強制収容所は、ナチス・ドイツが第二次世界大戦中の一九四〇年から一九四五年にかけて、罪のないユダヤ人を迫害し、虐殺した場所た。ポーランド南部の都市、クラクフにある。

大人でも訪れるのに勇気のいる場所だ。現地ガイドの話に耳を傾け、この場所での歴史をひしひしと感じ取った子どもたちは、積極的に質問をした。

自分でいくら調べても、この場に立つことができなければわからないことがたくさんある。なまなましい遺品の数々、虐殺の痕跡が残る場所の空気を吸う。

建物の匂いや、現地で説明してくれるガイドの目や口の動きから、想像以上の苦しみや悲しみが湧いてくる。

アウシュビッツ強制収容所やハダマー精神病院に行き，めずらしく沈黙する子どもたち

死と生のセレクションが行われた場所にも立った。生きる価値の基準は働けるかどうかだということだ。脅威以外の何ものでもない不安が子どもたちを襲った。子どもたちはとぼとぼと、強制収容所を後にした。

ドイツ中西部にあるハダマー精神病院にも訪れた。ナチスによる「安楽死計画」で「生きるに値しない」と判断された障害者一万人以上が、ガス室で殺された場所だ。

現在は犠牲者の写真などがある展示室が設けられ、地下にはガス室や手術台、火葬場が残されていた。地下の手術台では研究のために遺体から脳を摘出したり、換金できる金歯等を抜き取ったりしていたそうだ。

驚くべきことに、患者を安楽死させたのは、本来人の命を救う医師だった。

いたたまれずに、ひとりの子どもが質問をした。

「医師たちはどうして自らこの安楽死に参加していったのでしょうか」

「多くの医師たちは安楽死させることが良いことだと思っていました。障害者は社会の役に立たないから、殺すことが良いことだとされていたのです」

この言葉に、子どもたちは固まった。自らを重ね傷ついた。子どもたちはみなショックを隠せない。

子どもたちは、今までにはない生きる意味や存在する価値を深く考えた。

そして、この旅を通じて感じたこと、今回のテーマである「サイバスロンとアウシュビッツを結びつけ、今の世の中を考えよ」を討論した。

子どもたちの息苦しさを中邑先生は引き出した。

「迫害ではないけれど、一方的にひどいいじめを受けたことがある」

「程度は違えど、ここで行われてきたことと同じかもしれないな」と中邑先生は今、子どもたちが感じている心の苦しみの的を撃った。

「共通していることは、どうしてこんな仕打ちを受けなければならないのかということ。わけのわからない基準にあてはめられ、苦しめられていることが同じなのだと思う」

「じゃあ、サイバスロンはどう思う？」

「人間の能力を拡張するものだと思った。電車や飛行機のように」

サイバスロンとは、文明の利器を使った人間の進化と捉え、歩くだけでは辿り着くのに時間がかかった場所に、電車や飛行機で移動するのと同じように、人間の行動や動作を拡張させるものだという考えを持つ子どもがいた。

また、ある子どもは障害というハンディを持ち、劣っているという認識が、ある一定の分野では優れている人に変わると感じ、技術は障害の壁を越えられると思った。

「ならサイボーグになればいいんだ」と中邑先生が言うと
「僕は自分のことを自分ですら扱いづらい人間だけど、それを補正する機械ができて、自分のままでいられなくなるのは絶対いやだ」と力強く返す子どもがいた。

「アウシュビッツとサイバスロンがやっと結びついてきたね」

どんなに便利でもサイボーグになったら意味がない。子どもたちはみんな、今の自分の存在価値を感じ始めた。ありのままの自分でいいのだ。

「義手や義足は可能性であってそれをつけたら幸福になると思っていたけど、常に進化していないといけないという風潮がそもそも悲劇を生み出しているのではないかと思う」

幸福になるとはいったいどういうことなのだろうか。どんなに苦しみ悩んでも、自分が自分らしくなくなったら、それは幸福とは言えない。

中邑先生は子どもたちの言葉を受けて、アウシュビッツとサイバスロンを結びつけた意味を伝えた。

「技術を使えば能力が高まっていく。すると、力が強い方がいい、とか、頭の回転が速い方がいいという軸の中で、きみたちは追いつめられてきたんじゃないかな」

決められた軸や枠の中で、生きるということができない。するとどんどん疲弊して居場所を見つけられなくなる。苦しむ。悩む。孤独になってしまうということだ。

しかし、そんな軸に合わせる必要はないと中邑先生は言う。

「それでも俺はこれでいいと、堂々と生きるということが必要だね」

これを伝えるための今回の旅。いくら言葉で言っても伝わるものではない。

「サイバスロン」と「アウシュビッツ」のふたつを体験することが必要だったのだ。

ROCKETの子どもたちは、ここに至るまで、自分の特化した才能に自信を持ち、自分自身の存在する価値も見出せていた。

ここに辿り着くまでの準備も知らず知らずのうちに整っていたのだ。

これを乗り越えなければ何も変わらない。だから厳しい現実にも目を向ける。子どもたちが生きようとする力は強い。しかし、それを取り巻く社会が混乱を招いている。このプロジェクトは社会を変えるためにも、きみたちは堂々と生きるべきだと導いたのだった。

トップランナー講義

突き抜けた人とはいったいどういう人たちなのか。子どもたちは、日頃、特化した才能をほめられ、天才だと言われることもある。けれども、その世界でトップを走る人の本物のすごさと比べれば、まだまだだ。突き抜けるとはどういうことなのか。どうしてその場にいることができるのか。また、トップランナーであるがゆえの喜びや苦悩を知ることで、子どもたちはどう変わるのか。

ミドリムシが地球を救う

ミドリムシの屋外大量培養技術を世界で初めて確立した株式会社ユーグレナの代表取締役・

出雲充さんが、トップランナー講義をした時のことだ。

出雲さんはバングラデシュで出会った栄養失調の子どもたちの写真を見せながら、ミドリムシの研究を始めたきっかけを話した。

そして、一番苦労したことについて、みんなに意見を求めた。

「ミドリムシは結構いいところがあって、栄養価が高く、二酸化炭素は減って、バイオ燃料も作れる。でも、十年前は誰も話を聞いてくれなかった。一番大変だったのは、二年間で五百社に説明したけれど、一人も買ってくれなかったこと。成功した事例がないと言われた。やっぱりダメなのかなと悩んでいたんだけど、そういう時、みんななら、どうする？」

出雲さんは、意見を言う子どもの傍に行って一人ずつ目線を合わせ、子どもたちの意見を真剣に聞いた。

「自分で試してみる」「友達や知り合いからゆっくり広めてみる」「無料にする」「その人の目の前で一回証明する」「有名な人にお願いして、テレビに出す」などと、子どもたちは思いつくままに発言した。

一通り声が上がっても、出雲さんはまだ、意見を引き出す。すると、ユニークな答えが出始めた。

「尾ひれをつけて語る」「ミドリムシが入っていないから安心してとにかく飲ませその効果を体験させる」「相手の好きなことと関連づけてわかってもらう」

子どもたちの声を聞き終え、出雲さんは自分の体験を話した。

「今の僕だったら、相手との共通点を探してみると思う。けれど、当時の僕はできなかった。それでもミドリムシのことは諦めきれなかった。ミドリムシのことをいいと言ってくれる人に会うまで頑張ってみようと思った。そして、五百一社目でやっと出会ったんだ。

本人にとっては百回やってダメだったら、くよくよするかもしれないけれど、他の人や地球全体の話題としたら、全然たいした話題じゃない。寝て起きたら次の日からもう一回ゼロの気持ちでぜひ、自分の夢を追いかけてほしいと思います」

ROCKETには時間の制限がないから何度でも挑戦することができる。ユニークな発想と、それをやり続けることができれば、夢は追いかけられる。

「自分の仕事としてこれがいいと思ったものを広めるには、お金持ちとか貧乏とかは関係なくて、一番大切なことは、適切な科学技術と試行回数。同じことを何回も、繰り返して勉強して、研究する力なんだ」

今の子どもたちの等身大の言葉がたくさん詰まっていた。何もやらなければ何も始まらない。

途中で諦めたら夢は叶わない。素晴らしい結果を残す人たちはみんな大変な努力をしている。

仕事と遊び、リアルとバーチャル

テクノロジーとアート、遊園地などのアトラクション、ソフトウェア、ウェブ、映像などの作品を次々と生み出しているチームラボの代表・猪子寿之さんがトップランナー講義に訪れた。猪子さんは世界で活躍する人気アーティストだ。最新のテクノロジーを使いこなす猪子さんの作品は子どもたちにとって憧れでもあった。

「どうしてチームラボは大きくなったのですか？」と会社というものに興味を持った子どもがいた。

猪子さんは新しい分野なので、先輩がいなかったから、大きな仕事が受けられたこと、その分野が伸びると必然的に需要ができること、そして、新しいマーケットが作れることを説明した。

「百人に一人でも油絵より、動く絵の方が面白いと思ってくれれば、アートになるし、仕事になる。大きな世界を相手に仕事をしているから会社は大きくなったんだ。世界を相手にしていたら、少数でも強い支持が得られればいい」

世界という広い市場に目を向けること、今、受け入れられるところが少なくても、その枠を広げれば何も心配いらないことなど、中邑先生がいつも子どもたちに話していることに繋がっていく。子どもたちは、あらゆる角度から自分の見る世界を広げていった。

猪子さんがチームラボを始めたきっかけは、インターネットが出てきて新しい社会が始まると、そこに目を付けたことだ。デジタルやネットワークでできることを模索したいと考えながらも、シリコンバレーでやっていることとは違う側面をやりたいと猪子さんは考えた。アートが好きだったので、デジタルが人間の表現を変えるのではないかと思い、デジタルの世界にかけることにした。

「高校生の時にお化け屋敷をやった時の楽しさが忘れられなかった。自分一人じゃできないことも、いろんな人のアイデアで作ることができたし、作りながら新しい方法を見つけたりして、それがとても楽しかった。仲間と手を動かしながら考えて作る。作ったもので人々が感動したり、びっくりしてもらえればいいなと思った」

学生時代の体験の楽しさが、そのまま仕事にも繋がった。他に、もう一つ理由があった。

「自分は一人でちゃんとできない。時間も守れないし、メールも面倒であんまり読めない。電話がかかってきても出たくない。一人で社会に出ていくのは無理だなと感じていた。だから、仲間とチームとしてやっていけば、社会とうまく接点がとれるかなと思った。チームの方が楽チンなんだよね。欠点を欠点のまま生きていける。人間として完成度が低いまま生きられる」

猪子さんの考え方に固定概念や枠はない。欠点をそのままにしてもいいと言う。自由に、自分らしく堂々と生きる姿は、まさに子どもたちのお手本のようだと私は感じた。

トップランナー講義は毎回子どもたちの興味を引き出し、感性を揺さぶる。

トップを突き進む人たちはみんな、世界の先端を行くがあまり、どこか孤独な一面があるのかもしれない。それでも、自らの役割を果たすために新たな刺激を求めて前に進むのだ。

第四章　「人とは違う」を恐れない社会へ

日本の教育について――子どもたちの議論

学校ってどんなとこ?

二期生の子どもたちはなかなか申請書を提出しない。待ちくたびれた中邑先生は子どもたちに問いかけた。

「きみたちは、積極的に何かをしたいと手を挙げてここにいる。それにもかかわらず、申請書を活用していないのはなぜなのだろうか。席が空いているのはなぜなのだろうか。もし、利用したくないのであれば、空いている席をもっとやる気のある人で埋めたいと思っている。

なぜ、こうなったのか、少し話し合ってみたいんだけどいいかな。

今の、日本の教育についてどう思う? きみたちにとって学校ってなんだ?」

中邑先生の様子はいつもとちょっと違った。

穏やかでやさしい問いかけに、子どもたちはうなずいた。

「小さいころから学校に行くものだと思っていたから、学校に縛られている気がした」一人の子どもが口火を切った。学校に行くものだと思っていた人に挙手を求めると、約半分の子どもが手を挙げた。

帰国子女の子どもは、

「スペインの田舎町にいたころ、学校は勉強したい人が行くものだと思っていた。だけど、学校に行ってみたら、そうでもなかった。授業も日本のように教科書を見て一生懸命やっているかというと、そうでもなく、薄いドリルを渡され、三ページほどやった子が、こんなにやったと自慢していた。えっ、そんなもんなの？　とびっくりした。時間ものんびりしていた。ゆとりがある。それに比べると日本の学校は、カリキュラムを決まった時間のなかでやらなければならない」

日本の教育が縛られている、強制されていると息苦しく感じている子どもたちが次々と意見を述べ始めた。

「学校を悪い言い方に換えると刑務所だと言う人もいる。僕はそこまで思わないけれど、とにかくいろいろなことを集団でやったり、規律を守ったりしなければならない」

ここにいる子どもたちにとって、集団で何かをやることにこだわる学校の枠が、息苦しいことがよく伝わってきた。「謎の一体感」を求められているような気がするという。子どものころ、何の違和感も感じることなく同世代が集う場所に足を踏み入れていた私にとって、集団を苦手とする子どもたちの意見は興味深かった。

ここにいる子どもたちは、誰もが集団の中で疎外感を感じている。それに抗えば抗うほど自分たちの中から特異な才能が湧き出たのだろうか。それとも、もともと持ち合わせていた才能があったために、集団に馴染めなかったのだろうか。

意見を交わしていくうちに、一人の子どもの口から素直な言葉が出た。

「そもそも、学校に行ってない人が学校のことを論じるのはどうかと思う」

いつも、誰かが客観的な意見を言う。誰の目も気にせずに自分の言葉で意見が言えるのだ。

なぜ学校に行かないのか

では、なぜ、学校に行かなくなったのか。

「僕は、小学校の低学年のころ、ユニークな学校に行っていたのでとても楽しかった。けれども、高学年になって宿題が多くてちょっと大変だという、それだけの理由で学校に行かなくなった。友達とのいざこざや、居場所がなかったからではない。今は通信制の学校。勉強内容は凄く簡単で物足りない」

集団行動に違和感があったわけではない子どももいる。中学生になっても、小学校の時の仲間と一緒にいることは楽しくて、今、所属している学校とは違う仲間のいる学校の文化祭などを手伝っていた。

しかし、強制されている、強要されていると感じ、違和感を覚え、学校に行かなくなった子どもたちも多い。

日本の教育は、明治時代から変わっていないからダメだという声も上がった。戦前のことにまで話が及んだ。

「戦争に行く人を育てるのに、集団行動ができて、統率しやすい方が便利だったんじゃないか」

その方が簡単で都合がよかったに違いないと想像する子どもは、

「高度経済成長を支えるために、昔はそういう人は必要だったかもしれないけれど、もう時代に合わない教育だ」という考えを持っていた。

「今でも集団行動は大切だと思う」という意見が出ると、

「それって洗脳されてるんじゃないの?」と切り返す。

子どもたちは誰の顔色も気にすることなく、次々と学校への思いを語る。

「勉強のできる子は、学校は時間の無駄で、受験勉強は塾でした方が効率がいい」

どうやら、現状の学校教育は生きていくために必要な学びではなく、受験のための勉強だと感じているようだ。

「人としゃべらないとヤバい、友人と話すのは楽しい。だけど、それは集団行動とは違う。学校は人間関係を学ぶために行く交流の場。授業はいやだけど。同年代の人間が自動的に集まってきて無料で交流ができることはいい」

「集団行動は洗脳だと言う人もいるけれど、本来は他人を思いやることに気づく素晴らしいもの。でも、学校の中での集団というのは、自分を守るために、他の人を攻撃するいじめの場になっている」

集団行動が悪いわけではなく、学校の中の集団の在り方がおかしいと感じているのだ。

学校は集団を大切にするけれど、勉強だけしたければ塾に行けばいいと思う子どもも多い。

興味がなさそうに一度も発言することなく手元のノートパソコンに目を向けていた子どもに、中邑先生が意見を求めた。

「学校に行く意味が全然わからない。今、学校でやっている授業は全部わかるから。わかっていることをやるのは時間の無駄。だったら自分のやりたいことをやった方がいい。友達もいないし、話す人がいないから基本的には行かなくてもいいと思う。でも僕は、今、週三回くらい学校には行ってるけれどね」

彼は、特化した才能を既に発揮していて、中学生ながら会社を経営している。学校には友達がいなくても、彼の研究には世界中からアクセスがあり、中学生という枠を超えたコミュニケーションをとっていた。

組織の中で活かされるための教育

「友達、話し相手」というキーワードは学校に行くか行かないかの大きなポイントにもなる。友達ができると行きたくなるようになったという声が聞こえ、心を打ち明けられる友達が学校にいるかどうか、挙手を求めると、半分に分かれた。学校へ行く理由の大きな要素であることがわかった。

強制が必要だと感じる意見もあった。

「学校ってものは必要だと思う。ある程度強制されないとだめなんだ。そうしないと、どうすればいいかわからなくなる。強制されることで興味のない範囲にも視野を広げることができる。

けれど、みんなと同じことをしなければならないのは気に食わない」

枠も必要だけれども、自由も認められるべきだという。

「日本の教育は、会社を経営するトップの人を作る教育ではなく、その下で上司の指示に従い、歯車のように指示されたとおりに忠実に働く人を輩出するための教育ではないか」

学歴だけがあっても世の中を変えることはできない。

「目的もなく大学へ行けば何とかなると思っている人たちも多い。そういう人たちは自分の意志で物事に取り組まないんじゃないかな。社会に出てからも、組織のトップの人が扱いやすい人になり、それなりに都合がいい人材となる気がする」というのだ。

昔はそれでよかったのかもしれない。

「組織の中で活かされるための教育が行われている。昔は富国強兵という考え方があった。組織に慣れていれば即戦力としてすぐに使える。そういう人材が必要だった。日本の教育は高度経済成長の時代に必要だったままになっている」

自分たちの置かれている現状に苦しむ理由を子どもたちはちゃんと持っている。今の時代に合わない教育が行われていると感じていた。

「僕は直感で生きている。何のためにという理由よりも楽しいか、楽しくないかのみが重要。学校は、自分の中で楽しいと思っているので行く。

社会に出てからもそうだと思う。自分の役割が歯車でも楽しければそれでいいし、企業のトップになることが楽しければそうすればいい」

多様性を受け入れる社会の中での教育

多様性を受け入れる社会、ダイバーシティが求められている社会なのに、なぜ、学校では多様な道が認められないのだろうか。もっと教育の幅を広げてもいいのではないかという意見も出た。

「枠の中に入れず、学校に行っていないのに、この場で文句言うのはダメだと思う。普通に学校に行ってる人は偉い。だからといって、学校に行かない人が悪いのではない。その人に合っていないのに押し付けていることが悪いんじゃないか」

「そもそも、学校に行ってる人が偉いのではなく、学校に行く人が偉いと思ってしまう風潮がおかしい。学校に行っても行かなくてもどちらでもいいという価値観があってもいいんじゃないの?」

「義務教育という言い方にも疑問を感じる。教育は受けた方がいいと思うけれど、学校に行くことを義務にされるというのがおかしいと思う。学校に行かない子どもたちに対して強い偏見があるのはおかしいんじゃないの?」

子どもたちの意見はどんどん広がっていった。

社会の多数派が常に正しいわけではなく、少数派であるが故に、偏見を持たれることに違和感を感じる。学校に行かないのは問題だと決めつけられることはおかしいというのだ。

「学校が悪い、社会が悪い、システムが悪いと批判するというのは、なんだか格好悪いと思う。僕は周りの環境を受け止めてその環境の中で価値を見つけることも必要だと思うけど」

その意見に対して、いたたまれず口を開いた子どもがいた。

「文句だけ言ってるのはだめだというのはわかるけれど、格好悪くさせたのは誰なんだよと言いたくなる!」

学校に行かないと認められないという疎外感が破裂した。

「学校というシステムがあっても成功している人もいる。システムにとらわれるよりも自分の考えていることが大事じゃないのかな。僕はあえてその中に入って発言をしていこうと思うから学校へ行く」
「でもね、朝礼の時に校長先生の話に納得いかず、その場で否定したら、生活指導室に呼ばれて、多くの人の前で言うことではないと叱られたことがある。教室に戻ったら、お前のせいで朝礼が長引いたよとクラスの人からも責められた。この時、みんなと自分の価値観は違うと感じた。

もしかして、国家というのは国民同士がぶつからないように統制するための教育をやってるんじゃないの？」

義務教育という言葉から国が決めた教育というところにスポットが当たった。

一つのルールを決めてそれに従えと言うことは安易で簡単だ。

「多様性を認める姿勢が大事だという流れにはなってきていると思う。多くの人は世の中の人に認めてほしいと思っていて、そういう社会にしていこうという感じはある。

でもね、社会不適合で、フリースクールを学校教育として認めようという法案が出されたけれど通らなかったんだよね」

これは二〇一六年三月、不登校の子どもや夜間中学に通いたい人の就学機会を確保する法案の成立を目指す超党派の議員連盟が、不登校の子どもが通うフリースクールや家庭での学習を義務教育の一つの形態として位置づける規定を見送る方針を決めたことを指している。

子どもたちは、興味のあることに関してはとても敏感で、常に新しい情報を取り入れ、豊富な知識を持っている。

学校に行かなくてもできることは格好いい？

「多様性を認める必要はあると思う。けれども不道理を認めてはいけない。学校に行かなくても充分暮らせる、成功できるというシステムがあるのは決していいとは思わない。だって、通常、学校に行って習得することを、ここにいる人たちみたいに学校に行かなくてもやり遂げるから、あいつすごいじゃん！となるんだ」

学校に行くことが道理で、学校に行かないことは道から外れていることだが、道から外れたことをしてでも社会でちゃんとやっていければ、その方がすごい、格好いいと言う。

枠があるからこそ、はみ出していることに価値があるというのか。それを受けてすぐに反論する子どももいた。

「学校から飛び出て何かをやるという力はすごいと思う。勇気がいる。本当に力がある人は成功する。けれども、その力が不十分な人にとっては学校というシステムが必要。

枠があるけど、それを外れて成功した方がすごいという優越感を覚えることは間違っているんじゃないのかな」

「枠から外れるというのはただのわがままなだけじゃないですか」

「わがままというのはあーだこーだ言って何もやらない人のことだけど、やり抜ければ、それはわがままじゃないと思う。優越感を感じてもいいと思う」

「僕もそう思う」と、わがままじゃないという意見に賛成の声が複数から上がった。

「学歴主義ではなく、実力主義が必要だということ。例えば、若い人とおばあさんがいたとすると、若い人はおばあさんを助けるべきだと思う。強い人は弱い人のために何かをするべきだ」

「けれども、それを逆手にとって、弱い人が守ってもらえることが当然だと偉そうにするのは間違っていると思う」

議論はどんどん深くなっていった。

「日本の教育は丸いことが大事で海外では尖った角を大事にする教育じゃないですか。角を丸く切ろうとしても切り取られないくらい強い角を持っている人はすごいと思う。

中邑先生の話に耳を傾ける

その角が、社会のどこかにピタッと当てはまればそれでいい。でも、いくらずば抜けている所を持っている人でもそれしかできなくて、他のことができなければ役に立たないと決められてしまうのはおかしいと思う」

オールマイティでなければ受け入れられない社会ではなく、たった一つのことしかできなくても、世の中が必要としているワンピースになれるはずだと主張する。

「例えば、たくさんの的に向けてピストルを撃つ場合、いくら命中率がよくても連射できなければ意味がない。逆にたくさんピストルの弾を持っていても、命中率が悪ければ役に立たない。

自分の中でのバランスも必要だし、世の中とのバランスも大事だと思う」

「ちょっとしゃべってもいいかな、共有しておきたいことがある」と中邑先生が子どもたちの議論に割って入った。

「今、外国と日本の比較になっていたけれど、外国にも学校制度が整ったところからそうでないところまでいろいろあるんだ。

整っていないところでは、学ぶということを自由にやっていいとしている。教育にまで手をかけられていない国なんだ。お金がないからせっかく持っている才能を伸ばすことができない。経済的な事情で勉強できる環境を作れなかった国でも、だんだん豊かになっていくとみんなが学びたいと言い始める。そうなるとたくさんの子どもを学ばせてあげようとする。すると、一斉に学ばせるシステムが必要となってくる。枠におさめ、一塊の集団にしなければ、教育ができなくなるからだ。

だから、日本とか外国という比較ではなく、教育の成長という段階によって違いがあると考えた方がいいかな」

どんなに脱線してもじっと耳を澄ませていたがここぞと必要な時だけは大人がサポートする。そして、子どもたちはまた自由に意見を述べ始めた。ここでは、成績のために発言することも、先生の顔色を見ることもなく、自分たちの考えを発散する。

「実は、僕の妹が今、二週間学校に行っていない。自分の大切な人であればあるほど学校に行ってほしいと思う。辛い思いはしてほしくない。

学校に行かない人は、そのことで家族がどれほど心配するのかも考えるべきだと思う。妹が学校に行かなくなって、初めて気づいた。自分の時とは違う感情が湧いてきた」

彼は学校に行かなくて辛い思いをしたことを思い出し、そして、今度は家族が不登校になったことで、親の気持ちも疑似体験していた。

みんなは世の中の決まったルールを守っていないという後ろめたさを何かしら感じていた。

中邑先生は、もっといろんな子どもがいることを伝えた。

「学校に行かない子はどんどん行かなくなる。しかし、家庭も荒れている場合もある。学校にも家庭にも居場所がなく、非行に走っている子もいる。きみらはある意味、経済的にも環境的にも恵まれている。

だって、学校に行かなくても、ここにいることができる。それはね、親がちゃんと教育に対するアンテナを持っているからだ。子どもや教育に無関心な親も多い。関心はあっても、それどころではない事情を抱えている人もたくさんいるんだ。公教育というのはそういう状況も含めて考えていかなければならないんだ」

自分が恵まれた環境にあることに気づいた子どもは、どれくらいいただろうか。

学校で居場所がなくなり、自分のことを理解してもらえず苦しんだ子どもたちも多い。中邑先生は、今、ここにいる子どもたちよりも、もっと劣悪な環境にいる子どもたちの才能もつぶしてはならない、親に気づいてもらえない子どもたちも救わなければならないと考えていることを告げた。

学校がよくなるためにはどうすればよいか

現状の学校がよくなるにはどうすればよいかということにも話が及んだ。

「先生も苦労しているし、子どもたちも家族も辛さを感じている。先生を技術的にサポートしたり、子どもたちの心理面をもっとサポートする人を増やすことはできないのだろうか。一人ひとりのニーズに合わせた教育を行っていくと変わるのではないか。そうするにはお金がかかってしまうんだろうけれど、大切なことだと思う。

今、日本の教育のレベルはある一定に達していて、すでに整っている。それでも今、起きている問題を解決するために教育改革が叫ばれている時代になってきているので、人を増やすというところにお金をかけてほしい」

この意見に中邑先生は真っ向から反対した。

「人を増やす、お金をかけたからといって、この問題は解決するとは思わないな」

「金さえあれば何でもできると思うなよ。お金で買えない価値がある」

お金をかけるという言葉に反応した子がいた。

一つの意見に対して、反対の意見が自然に出る。「よく考えたね」、「そんな考え方もあるんだね」などと、曖昧に置きっぱなしにはしない。

反論されれば子どもたちは、自分の意見をもっとみんなにわかりやすく伝えようと努力する。人を増やすところにお金をかけてほしいと言った子どもがさらにその理由を付け加えた。

「お金をかければ解決するということではなくて、人をもっと増やすにはお金がかかるという話なんです。人をもっと増やせば、解決する問題もあるのではないかということ。

具体的に話すと、僕の行っていた学校にはスクールカウンセラーの先生が一人しかいなかった。全校の子どもたちを一人で見ていた。手のかかる子は毎日家庭訪問をしたり、全校生徒と面談をしたり、多くの子どもたちに一人ずつ対応している様子はとても大変だと感じた。その先生は能力が高いからできてたことだけど、その先生が倒れてしまうかもしれないし、ずっといるわけでもないし。そういう時にどうしたらいいかというともう一人、カウンセラーの先生がいたら充実した対応ができたんじゃないかと」

現状の教育をよい方向にするには、どうすればよいか。先生と子どもたちの意見が交差する。

「実は心が強い弱いということは相当大きな問題だという気がする。心が弱い子は心が折れてしまう。誰かの助けを求めている。けれども、心が強い子は誰かにかまってもらうよりも放っといてほしい、一人で何でもやりたいという子もいると考える。

この場所に来ている子どもたちも強い、弱いの二つに分かれる。ここに集まった子はみんな同じ変わった子ではなく、実はみんなそれぞれ違うんだ。

心の強さ弱さ、お金があるかないかということは重要な軸になっている。そのことも考えていかないといけない」と中邑先生が言った。

「今、国防費とかオリンピックとかにお金がかかっていると言われているけれど、それよりも人の心の問題の方がはるかに大切だと思う。それをやらないと日本はダメになってしまうと思う」

「結局格差とか関係なく心の問題もみんな平等にしてほしい」

「そりゃ無理だ。理想論としてはそうだけど」

子どもたちはそれぞれしっかりとした意見を持っていた。

不登校の子どもの気持ち・家族の気持ち

妹が不登校だと話した子どもがさらに意見を述べた。

「お父さんは高校教師で、妹は学校に行ってなくて。いろんな人の立場がわかる。父の仕事は部活なども見ていて、昔は年に三日しか休めなかったそうだ。

七つはなれている弟の面倒は僕が見ていて、父親のような気持ちもわかる。

家族の誰かが学校に行ってないと家族の雰囲気が楽しくない。自分のために、親がこっそりフリースクールや通信制の学校を探していたり、このROCKETも親が見つけてくれたりした。

家族を通していろんな体験をしてわかったことは、学校に行かないという選択肢は周りの人に大変な思いをさせてしまうという覚悟がいると思う」

この子どもの発言に対して、中邑先生はズバッと切った。

「その考えは偏ってる。いわゆる世の中的にきみは頭がいい。ちょっとやれば勉強ができて、一流の学校にも入れるだろう。そういう体験から見たある一側面にすぎない。

一生懸命勉強したって、なかなか覚えられない子もいる。学校へ行きたくても行けない事情の子もいる。だから、きみの考えは一面であり、全てではない。偏った考えだ」

子どもたちは自分の能力や自分の置かれた環境を中心に物事を考える。もっと視野を広く持ち、俯瞰から全体を見なければならない。

意見を述べた子は皆に共有してほしいと思っていたが、先生の言葉にハッとした。

学校に行かないという選択肢があるというのは、学校に行ける環境や能力を持ち合わせているということだ。

不登校を楽しむ

不登校という現実を楽しんでいる子もいる。

「みんな学校に行かない楽しさを知らなすぎる。平日の昼間の町に同年代の子どもはいない。そうすると、冷静に町が見れる。それには自由がある。学校の勉強なんてしなくても家でできることも多い。学校に行かないと心がすり減らないんだ。元気なまま一日過ごせる。そしたらいろんなことをやってみたいと思えるのに」

心がすり減るほど学校が合わない子はこの中には多い。

「学校はホントに疲れるよね」

けれども、居場所がなかった子どもたちがＲＯＣＫＥＴという居場所を見つけ、仲間を得て、やりたいことをやっていい、偏っててもいいと認められると、自信がつき、学校へ通い始めた。学校では友達がいなくて孤独でも、ここに来れば友達がいると思うと、たとえ孤立した状態は変わらなくても、今までのような辛さは感じなくなった。

しかし、ＲＯＣＫＥＴは、不登校の子どもを何とかして学校へ戻そうというプログラムではない。

挑発する教育

中邑先生はもう一度、このＲＯＣＫＥＴの主旨を子どもたちに伝えた。

「僕は学校に行かない子を集めたら好きなことができるなぁと思った。ところが今、みんな学校に行き始めた。ＲＯＣＫＥＴの教えは、いつも言っているように、挑発であり、押し付けだ。

それに対して、みんなはどう思ってる？　学校の方がよくなったのか」

挑発や押し付けという言葉が出たが、中邑先生の声は優しかった。

「ここは学校よりは少なくともいいと思う」

「そうだ、そうだ」

「独裁国家ってあるけれど、悪い人が独裁すると悪くなり歴史にも残るくらい印象に残る。でも、良い人が天下をとっても良くなるとは限らない。良い人がやることだから、国民が反対しない。その分、偏ってしまうんじゃないか。

悪い独裁国家だと国民は反対するためにいろんなことをしてバランスを取り戻そうとする。良い人の独裁国家だと、日本みたいに良いことばっかりやろうとして、中途半端な感じになりそう」

「そうかな、良い独裁国家も成立すると思うけどなぁ」とつぶやく子どももいた。

「押し付けられるにしても、明確に決まったものを押し付けられるんだったらいい。それが良いとはっきりわかっていたらいいと思う。だからすごくまずいものを食べろと言われても、それがとても栄養の高いもので、食べた方がよいということが明確にわかっていれば食べる」

「良い独裁国家についてなんだけど、良いからといって、いろんなものを入れすぎて中途半端になるかもしれないけれど、それぞれの特徴を活かしてそれを組み合わせれば強くなると思う。

例えば、いろんな軍艦があるけど、全ての武器を兼ね備えたものはないんだ」

軍艦や軍隊に詳しい彼は、マニアックな例をたくさんあげて説明を続けた。

「日本の普通の学校はチームワークを養おうとしているはずなのに、チームワークを作りやすいように均一な人を作っているように見える。

そうじゃなくて、ある一面で特化しているものを組み合わせて、チームワークを作っていくからこそ、最強のものが出来上がるんだと思う。

始めから出来上がった形があって、その形を埋めるためにパズルのピースが必要で、そこにあてはまるものを作る。そうすると、パズルのピースはそれぞれ一つでは役に立たず、中途半端なものだ。その中途半端なものを集めてチームワークを作ったとしても、あまり意味がないと思う。

それからわがままという言葉が出ているけれど、一つの枠に入れようとするからわがままにされる。ニーズに合わせて枠を何個か作れば、それぞれがそのどれかに収まることができ、わがままと言われなくなるんじゃないか」

中邑先生は、ここで、また子どもたちを挑発するキーワードを投げかけた。

「ここでは、枠を外してわがままにしていいって言ってるんだ。

わがままにしたらどうなるのか?

みんな何を恐れているかわかるか？

僕たちは、きみたちにわがままに生きろと言っている、好きなことをしろと言っているのになぜできないんだ」

どうしてわがままにしないのかについて、子どもが答えた。

「わがままな人が一人いたらそれを見習ってわがままな人が増えると困るから」

子どもたちはわがままはいけないことだとどこかで認識している。それではROCKETにいなくてもいい。学校に行かなくても、学校のルールに従ってしまうのだろうか。

さらに、中邑先生はROCKETに集まる子どもたちへのメッセージを強めた。子どもたちの心の内を代弁した。

「生意気に好きなことをやっていたら、将来ご飯を食べられなくなるんじゃないかと思っているんじゃないか。それが突き抜けるということをためらっている一番の要因だ。親が遮っているわけではなく、自分自身の心が遮っているんじゃないか！」

ありのままで特化した才能を伸ばす

一般的な学校では、無難なことを選択させようとすることが多い。人と変わった方向へ進もうとすると、親も先生も大概反対する。

みんなはROCKETに応募してきた時に、変わった子・偏った子が歓迎されると知り喜んだはずだ。ありのままの自分を受け入れてもらえる場所があったと、嬉しかった気持ちを子どもたちは忘れてしまったのだろうか。

それとも、同じような子どもたちが他にもいることを知り、安心してしまったのだろうか。

「きみたちが生意気になって好きなことをやって本気に取り組んでいればそれでいい。きみたちが二十歳になった時に、好きなことしかやってこなくても生きられるという社会を僕たちは作ろうとしているんだ。

目先のことなんかどうでもいい。バラバラでもいい。

だけど、きみたちがやりたいことに突き進んでいれば、僕たちはきみたちを応援しようと思う。このことを共有しておきたい」

もし、特化した才能もなく、学校という枠に収まることができていたら、無難に生きる方法を選んだのかもしれない。

しかし、ここにいる子どもたちは何かしら困難を抱えている子どもたちなのだ。「人と同じ」ということが難しい。「普通」にすることが息苦しい。先生は続けた。

「きみたちに、授業を二〜三回したところで、きみたちの頭の中には入らない。だから、長い時間一緒にいるために旅しよう、作業しようと言っているだけさ。何かを一生懸命作ったからとか、上手にできたからといってほめようなんて思っていない。長い時間を共にしないと、必死で取り組むというこの気持ちは伝わらないんだ。スタッフだってそうだよ。きみたちの考えがちゃんと伝わっているかな？　伝わってないよね。なぜ伝わらないのかというと、みんなでやろうとしているからなんだ。

もちろん、みんなで協力するということはある。

けれども、それぞれの方向に向かって一人ひとりがしっかりと取り組む。みんなに合わせようとしたら、誰も何もできない。どうしよう、こうしようとあれこれ迷ってしまう。自分の思うがままに、一生懸命やって失敗したら僕が責任を取る。助けてやる。

みんなは失敗しちゃいけないと思っている。失敗はどんどんしていいんだ。きみたちが挑戦して失敗したら、僕たちが必ず守る。助ける。そしたら何も矛盾しない。

教育がどうあろうが、学びや生き方はきみたち個人の問題である。そこに僕たちは押し付けをする。どうして押し付けるかというと、やらなければならないという制限がないと何もしなくなる」

学校の中で、居場所がなく、誰にも理解してもらえない苦しみを抱えていた子どもたちが、ROCKETに来て、自分と同じ立場の子どもたちに出会い、同じような苦しみを共有したことに安心し、特化した才能へのアクセスを緩めてしまった現状がある。

このままじゃだめだという中邑先生の熱い思いは子どもたちに届くのだろうか。

遠慮がちに一人の子どもが発言した。

「将来のことに不安を感じないけれど、周りの人が学校に行かなくてもいいの？　と言ってくると心が揺らぎます。自分ひとりだといいと思うんだけど、父や母を見ると自分がもし、ご飯を食べられなかったら、父や母に迷惑をかけるんじゃないかと心配になってくるんです」

中邑先生は満面の笑みでその子どもに言った。

「心配するな。僕が生活保護の手続きの仕方を教えてやる」

神妙な面持ちで聞いていた子どもたちは、中邑先生の言葉に、大爆笑した。

「やったー！　もう心配しません」

もちろん、生活保護を受けるための大人を作るわけではない。そうならないための社会を作るのだ。

中邑先生は、学歴がなくてもコミュニケーションがうまくとれなくても、好きなことをやって生きていけるだけの力をつけるためには、今、何をやるべきかを子どもたちに真剣に訴えた。この場所で初めて友達ができた子もいる。何となく安心して学校に行けるようになった子もいた。

しかし、集団生活の中で、ちょっと変わった子どもたちは、オールマイティに物事をこなすことは難しい。特化した才能がある分、人には理解されにくい生きづらい一面も持っている。一時的に学校へ行って、特化した才能をつぶしてしまい、普通の子と渡り合えたとしても、凹の部分を補うことはとても難しい。社会に出た時に困難をきたすことは目に見えている。だから、凸の部分を最大限にいかすことを考えなければならない。

中邑先生についていけない

中邑先生と子どもたちのやりとりは、とても真剣だった。中邑先生がここまで子どもたちに強く迫るのには理由があった。

子どもの口から「先生にはついていけません」という言葉が出たのだ。

「僕についてこいなんて一度も言ったことはない。それぞれ勝手に走ってるだけ。ついていけませんなんて言われても困る。みんないろんな方向に走ってるんだ。

でも、おおよその方向はわかっている。

大人になった時に、きみたちのような人がいきいきと生きられる社会を作る方向に向かっているんだ。

みんなが生きやすい、皆が学びやすい社会になったらいいよねということだけわかっていればいいんだ。方向が合っていれば何やってもいいんだ。

研究室のスタッフよりもきみたちの方が素質がある。だって、一度、不登校になって組織を離れているんだから」

「ぼくは、ちょっとしか離れてない。三日ほど行かなかったけれど、また学校に戻ったから」

「そうか、もし、学校に戻ってやっていけるのであればここには来なくていいんだよ」

中邑先生は優しく言った。

「学校に行っても、僕はここに来る必要があると思う」

子どもがそう答えると、

「来るか来ないかは自由だ。ただ、一度選ばれたきみたちを僕らは絶対に見捨てない。それだけは覚えていてほしい。なにか困ったことがあれば遠慮なく言ってほしい。

ここに来るかどうかはよく考える必要がある。そうでなければ今やっているプロジェクトが中途半端になってしまう。みんながそれぞれ自立していなければならないんだ。よく考えて参加してほしい」

自由を与えられると同時に責任も負う。子どもたちがそのことを理解しなければ、本当の自由を手に入れることができない。

ROCKETでは、まだまだやらなければならないことがたくさんある。ここに集うことができない子どもたちも大勢いるからだ。

「今日、学校について、みんなの考えをたくさん聞くことができ、いろんな意見が出て、面白い議論になった。

きみたちがここに来ることができたのは、親が教育に関心を持っていたからだ。

けれども、親に教育の関心がなく、ここに辿り着くことができない子どもたちもいる。

ぼくらはそういう所にも手を広げていきたいと思っているんだ」

ROCKETを必要としている子どもたちは、まだまだたくさんいる。

これからのROCKET

ROCKETがもっと広がっていくためにはどうすればよいだろうか。

「ROCKETを初めて知った時に面白そうだなと思ったんだけど、その後、テレビで取り上げているのを見ると、ちょっと違うなと思い始めていた。締切間近にお母さんにも言われて募集要項を読んだら、やっぱり面白くて応募したんだけれど、中に入ってみるとテレビと違って、とってもいいところだとわかった。僕みたいにテレビだけを見て、なんか違うと思って応募しなかった人も多いんじゃないかな」

報道の中では全てのプロジェクトを見てとることはできない。一部を見て、見る側も自分に都合のいいように解釈したり、見えない部分を勝手に想像して、実際とは違うことを思い浮かべる人もいる。

そのために、全国での説明会を繰り返し行っている。子どもたちの学校にも出向いて理解を求める努力は惜しまない。中邑先生もスタッフも、全国を飛び回っている。

今日の議論を終え、改めてROCKETの意味を考えた子どももいた。

「これまでわからなかったけれど、今日の議論で僕がここで何をするべきなのか、ROCKETは僕に何を求めているのか、中邑先生が何を望んでいるのかやっとよくわかりました」

「まぁ、ゆるやかに、みんな違う方を向いた人間が、ひとつになっているというのが理想だ。

それを求めて、みんな同じような発言をしたことをこの場にいかせるかどうか。みんなの突き抜ける力が集まったら何ができるのか、考えていきたいね」

中邑先生は、スカラー候補生を決して子ども扱いしない。だから本気でぶつかる。時には声を荒げ、強い口調で挑発することもある。

この日はとても穏やかな声で、丁寧に話した。

しかし、議論の中では子どもたちの心に突き刺さるやりとりがたくさんあった。一番大切なことはなにか。

その後のプログラムに取り組む中で子どもたちの覚悟が徐々に表れた。

みんなと一緒じゃなくてもだいじょうぶ

普通じゃない

「普通」ってなんだろう？　「人並み」ってなんだろう？

自分が子どものころのことを顧みず、親になると「なんとか人並み程度には物事を理解し、社会に出てほしい」と思うようになる。そして、「どうしてできないの？」「早くしなさい」「いい加減にしなさい」と子どもを叱る。口癖のように「子どものためを思って……」などと口走る。ほんとうにそうなのだろうか。

私が出版社に勤めていたころ、育児相談を担当していたことがある。

「六歳になっても読み書きができないんです」と相談を受け、詳しく聞いてみると保育園では文字を教わったことがないという。就学前に読み書きできなくてもとくに問題ない、「これから小学校に入って習うので心配ないですよ」、と答えたが、

「でも、お友達はみんな読み書きできるんです」と言い、自分の子どもに何か問題があるのではと心配されていた。六歳になったのだから、文字が読めて当然だという主張に驚いた。

「なんでできないの！」と子どもを強く叱ってみたり、「発達障害じゃないか」と悩んだりする様子を見て、親子の対話の時間を持つように促した。

また、親から相談を受けている間、ずっと走り回っている男の子もいた。

「何を言ってもあの調子なんです。保育園でも先生の言うことをちっとも聞かないんです。発達障害ではないでしょうか」

お子さんをよく見ていると、親の気を引きたくて仕方がない様子だ。弟が生まれ、お母さん

が職場に復帰して、忙しくなってから自分勝手な行動が増えたという。

「朝六時に子どもを起こして、朝ご飯を食べさせ、その間に洗濯物を干して、ドタバタと朝の時間が過ぎ、仕事が終わって保育園に行って二人を引き取り、買い物をして夕食を作るとあっという間に夜の九時。お風呂に入れて、寝かせたら、もう十二時近くになっていて。夫は帰りが遅く何も手伝ってくれないし、私は毎日疲れ切ってしまって……」

「朝六時に起きて、夜は十二時近くに寝ているのですか？　それはお子さんも大変ですね」

「えっ！　私は毎日大変ですが、子どもが大変なんて一度も思ったことなかったです。そう言われてみればそうですね。まだ五歳で、大人と同じ生活をしているなんて……」

生活時間を工夫して、子どもを九時には寝かせ、寝かせる前には絵本を一緒に読む習慣を付け、弟の面倒をよく見てくれてありがとうと声をかけるようにしたら、子どもの行動も変わったという。

「仕事や弟の世話でかまってやれなかったことが原因なんて思ってもみませんでした。だって、子どものために一生懸命仕事してるのですから」

何が子どものためなのか、何を子どもが要求しているのか、幼いうちに子どもと向き合うことはとても大切なことだが、なかなかそれに気づかずに、人とは違うところだけに焦点を当て、悩んでしまうこともある。

育児書を読めば読むほど悩みが増えることもある。保健所や病院で言われたちょっとした一言に傷つくこともある。「普通じゃない」「人とは違う」ということに不安が募る。

「人並み」を基準にしない

もし、「人と違って当たり前」という基準を持って子育てをしてみるともっと楽になるのではないか。私の子育ては、スタートラインで「脳に異常があり、普通の生活は難しい。障害が残ります」と言われ、「人と違って当たり前」という基準で始まった。

それでも何度も、何度も「人並みになってきた」などと、一般的な基準を追いかけた。「いやいや、この子は生きているだけでありがたいのだから、好きなことだけやって生きていければいい」と思い返すのだが、その「好きなことがなにか」を私が押し付けていることもあった。「勉強はできなくてもいいの、でも何か好きなことを見つけてね」と次から次へと物を与える。「親がいろいろ自分のためにやってくれたのだから、あんまりやりたくないけどやってみようかな」とか「これをもうちょっとやってみたいのに、あっちもやらなきゃな」などと、気が散る。結局何が好きなのか、やりたいのかわからず右往左往する。

子どもに何かを与えたり、やらせることで安心して、それが子どもに必要かどうかは考えていない。今、振り返るとわかるのだが、その時は必死だった。

親子で向き合うという基本的なことが抜けて、いつの間にか親が子どもを支配しようとしていた。それでは、子どもの才能は伸びるはずもない。

「人並み」を基準にしないで、親の願望を取り除いて、本当に子どもがしたいことを見つけるためにとことん向き合う。短期間で答えを出す必要はなく、間違ったら何度でもやり直してもよい。子どもが本当にやりたいことを見つけたらそれを応援できる親になりたいと私は思った。

とことん向き合う

異才発掘プロジェクトでは、大人と子どもがとことん向き合っている。だからこそ可能なプログラムだ。一般的な学校で、一人ひとりの個性に合わせたプログラムを作っていたら、人手も予算もかかり、それを実行することは現実的ではない。

異才発掘プロジェクトに参加したからといって、天才になるわけではない。選ばれなかったからといって、「やっぱりうちの子はダメなんだ」と思う必要もない。

親子でとことん向き合うことができれば、解決する問題もきっとある。

しかし、親子であるがゆえに難しいこともある。どうしようもない苦しみや不安が襲うこともある。それでも、親としてできることは、子どもの力を一心に信じることだ。

異才発掘プロジェクトでは、好きなことをやる自由を得ることができるが、その責任を負うことも学ぶ。決して子ども扱いはしない。子どもの本当にやりたいことを引き出すために「挑発する」ことも度々ある。そのことに奮起し、何度も挑戦する子どもたち。

挑戦するということは、何らかの理由で学校からはみ出し、自信をなくしてしまった子どもたちにとって、自分の存在を認めてほしいという欲求でもある。

子どもたちの議論を聞いていても、自分の考えや意見をしっかりと持っていて、それを主張することもできる。これは、大人に聞く態勢が整っているから、子どもたちは自由に発言できるのだ。言葉で言い表せなくても、その思いを作品にして表現すれば、その作品には自分の思いを訴える力がこもる。子どもたちの「今」だけでなく「十年後、二十年後」を見据えて、時代が変わっても生き抜く力をつける。

これこそ、本来、親の役割ではないだろうか。

本当に必要なもの

フランスやカナダの教育事情をうかがう機会があった。小学校のころから、自分の存在理由や、何を何のためにやるのか、自分と向き合うためのプログラムをたくさん受けたという。大学受験がゴールではなく、学びたいことを極めるための努力がスタートする。そういう環境で育ち、日本の企業に就職すると、自分の意見をしっかり持っていることが日本の縦割り社会に合わず、「自己主張が強い」とされ、馴染めないまま、海外に戻ることもある。

インターネットの発達により、世界の距離はますます近くなり、たくさんの情報が飛び交う。人工知能が発達し、人が担う仕事がどんどん変わっていく。なくなってしまう職業もたくさん出てくると言われている。その中で、生き残るには、知識を詰め込んだ能力ではなく、生きる力そのものが必要となってくる。

生きる力とは何か。異才発掘プロジェクトの中にはその生きる力がたくさんあった。自分自身を見つめ直す。好きなことをとことん追求する。自分の思いを貫き通す。とことん向き合う。今、たとえ孤独を感じても、世界に目を向ければ、自分に共感してくれる人がたくさんいる。みんなと一緒じゃなくても大丈夫なのだ。

ちょっと変わった子たちがいきいきと生きられる社会ができれば、もっと面白い世の中になるだろう。

将来、ユニークな才能を持った大人になって、社会にイノベーションを起こす日を楽しみにしている。

中邑先生インタビュー

研究室にて

――最近の公教育はどのように変化してきていると感じますか。

公教育というのは学習指導要領に従ってやらなければならないので、学校の先生は現場の状況に合わせて何かを変えたいと思っても変えられない場合がほとんどです。

基準というものがあり、決められた課題を決められた時間の中でこなしていかなければなりません。そうすると、それについてこれない子どももいれば、物足りない子どもも出てくるわけです。

全体的な子どもの数が減っている中で、学校がつまらない、何らかの理由で行きたくないという、不登校の数が増えているわけではありませんが、高水準を保っている状況が続いているのが実情です。

学習指導要領がすぐに変えられるわけではありませんが、学校の周囲は変わってきている気がします。

――平成二十八年五月二十日には、教育再生実行会議の第九次提言※が提出されたことで、何かが変わる可能性も出て来たのでしょうか。

※発達障害など障害のある子どもたちへの教育や家庭の経済状況に左右されない教育機会の保障など、

多様な個性が生かされる教育の実現が提案されるとともに、これまでの提言を確実に実行していくことが求められた

常識の範囲でしか反映できないところもあるでしょう。それに対する準備だって必要ですから急には変えられないんです。

僕は英語の入試を外すべきだと言っています。

――それは、入試用の英語の勉強は実用的ではないということでしょうか。

いいえ、違います。どんなに頑張っても脳のしくみによる障害(ディスレクシア)があるので、他の教科はできるのに英語だけはできないという子どもが高い確率でいます。

日本語でもディスレクシアがありますが、日本語は音で耳で聞いているので理解することができますが、それ以上に英語のディスレクシアは多いのです。入試で英語がネックとなってしまい、その他のことを学ぶ環境が閉ざされてしまいます。

もちろん、今の時代に英語教育は必要ですが、英語のディスレクシアについての配慮も必要だということです。

――現代の受験制度についてどういうお考えがありますか。

教育とは本来子どもの特性を活かして勉強するようにしなければなりません。その特性を活かすゴールが大学受験になっています。大学に入学して初めて専門の分野に触れることになります。

子どもにはいろいろな特性があり、勉強するより体を動かす方が好きな場合もあります。しかし、今の世の中では大学へ行くことがより良いとされています。二〇四五年に人工知能が人間の知能を超えると言われています。その時代に勉強だけやっていては生き残れません。

どんなに豊富な知識を持っていたとしても、ビッグデータを持つコンピューターにはかないません。今やっている勉強がどれほど役に立つかを考えると、勉強だけやっていれば良いという制度を変えていかなければなりません。

――そんな中でまず、やらなければならないことは何でしょうか。

一番大きい事は、制度の改革や親の意識を変えることです。

――そこにどういう仕掛けがあれば良いとお考えですか。

それは今、公教育の枠からはみ出し、不登校になっている子どもたちが「いいなぁ、やってみたいな」と思うことをやっていかなければなりません。

――不登校の子どもたちがいいなぁと思うこととはどんなことですか。

縛りがない、制限がないということです。

学校に行っている子どもは、宿題をやったり塾に通ったり時間に追われています。決められたことをこなさなければいけません。

不登校の子どもたちには、その特権を活かせと言っています。学校に行ってないわけですから時間はたっぷりあります。ですから、自由になんでもできるわけです。ROCKETにはそういう子どもが集まって来ているわけなんですが、親は学校に行かせたいんです。

「南の最果てに一週間かけて特急列車を使わずに行こう」と言うと、「うちの子は学校がありますからできません」と言われてしまう。

交通費以外は一日千円で過ごすというミッションが加わると、「何かあったらどうするのですか?」、「一日千円なんてお腹すかせたらかわいそう」という声が聞こえてきます。

どうにかしてくださいとしてくださいという不登校の子どもたちは本当に苦しんでいるのですが、一旦こうと決めたら、過保護にせずに子どもに何でもやらせてみるという覚悟も必要です。

——一期生、二期生を終えてみなさんの様子はどうですか。

子どもたちは学校に行き始めたんです。

ここにきて学びの本質に気づき、ちょっと学校で先生の話を聞いてもいいかなという感じになって来たのでしょう。子どもたちは孤立することがなくなったんです。たとえ学校では孤立していてもここには仲間がいるという意識が芽生えてきたんです。

——学校に行き始めたことは想定外ですか？

学校に行かず、自分の好きに生きろと言っているのですが、親は学校に行くと安心するのです。

もちろん、子どものことを考えてということなのでしょうが、子どものことを真剣に考えるのであれば、好きなことをやって突き抜ける勇気も必要なのですが。

――ROCKETにやって来た子どもたちはどんなふうに変わりましたか？

そんなことはどうでもいいんです。こんな短時間で答えを出そうなんて思っていませんから。大人になるまでの期間を見たらほんの少しの変化はどうでもいいのです。よく聞かれる質問なのですが、なぜ、そんな小さなことにこだわるのかわかりません。私たちのプロジェクトは十年、二十年単位のプロジェクトなんです。

何もやらなくったって子どもは一年経つと伸びるんです。その伸びなんてたいしたことはないんです。

漢字テストをやってみてもわかることですが、子どもの能力は六年間で一定に伸びる訳ではないんです。担任の先生との関係で伸び率はグンと変わります。

そんな目先のことではなく、今、子どもが打ち込んでいる好きなことを十年後もつぶされずににこにこしながらやっているということが大事なのです。

――「挑発する」というのはどういう教育を指すのですか。

今の引きこもりの子どもは、ずっと検索エンジンで情報を探しています。

頭でっかちで知識だけは豊富になる。そうすると親はすごいと喜びます。現実の世界での体験を知らずに、わかった気になっている。

例えば、絵を上手にたくさん描いたから、個展をさせてくれと子どもが言ってきても、「展示会に行ってるのか？　画集は見ているのか？」と聞くと、「行ってません、見てません」という返事が返ってくる。行動には移せていないのです。

東京藝大を卒業していても滅多にやれない個展を、そんな簡単にできるわけがありません。挑発とは、現実を突きつけること。テレビやインターネット上の仮想の世界とか、自分の周りの狭い世界ではなく、現実の広い社会の中で、自分の立ち位置がどこにあるのかはっきりと知ることなんです。そうしなければ、これで充分だと中途半端なところで止めてしまいます。

ＲＯＣＫＥＴでは挨拶ができなくてもいい、友達を作ることも苦手ならば作らなくていいと言っています。

しかし、好きなことはとことんやれと言っているのです。本質の才能が表面に出てくるまで挑発するしかないのです。

――親ができることはありますか。

ほめるポイントを間違ってはいけない。子どもは親にほめられたくてやっていることも多いのです。あれもこれもちょっと同年代の子どもよりも優れていると浮き足立ってはいけません。本物でなければほめるのではなく、放っておく。本当に突き抜けた才能を見出すべきです。好きなことだけをやらせればいいんです。

——これからの教育で必要なことは何ですか。

効率よくすすめるためには同じ枠の中でみんなと同じようにしなければならないけれど、これではイノベーションは起こりません。

勉強ができる子を集めてギフテッド教育をやろうとしている人たちがいるが、それは知識の筋肉を鍛えているだけで人工知能に負けてしまう。

私たちの教育は好きなことをどれだけやれるかということ。生きていくための力をつけることです。

それと、もう一つ、親への教育も必要だと感じています。親は子どもを枠にはめようとします。枠にはまっていた方が、安心で安全だと思っているのです。親の価値観を変えることは難しいですね。

子どもが困難な状態にあると、親が追いつめられていきます。どうしたらいいのだろうと悩むわけです。そのうち、どうしていいかわからない子どもが家で暴れ始めたりしたら、なんとかもとの枠に戻そうとして、悪循環になります。親の意識を変えるということへの挑発も必要です。もし、私たちがお金をもらっている塾だとすると経営のために親や子どもを喜ばせなければなりません。けれども、ROCKETでは全く逆です。お金を提供する立場にあるのです。親からは交通費も含め、費用をもらいません。

だから、親の顔色を見る必要はありません。文句があるのなら、辞めてもらって結構ですという強い姿勢で取り組んでいます。

——学校の先生ができることはありますか。

それは難しいです。学校の先生は決められた指導方針があるので、それに従ってやるしかないのです。

——これからどんなことをしていきたいですか。

養護施設の中にも才能がある子がいればそれを伸ばしていきたいと考えています。

最近では複雑な家庭環境の子どもたちも多い。親が子どもに対して無関心な場合もあります。ですから、自分から手を挙げられない子どもたちにも手を差し伸べたいと考えています。

――ROCKETを始めて何が変わりましたか。

もっと僕たちがかかわっていかなければならないことが広がっていきました。社会的な教育の場を権限化することも大切です。自ら発信できない子どもたちにも光をあてていこうとしています。

私が言っていることは特別なことではなく当たり前のこと。だから、大変じゃなく、楽しむ。本当に面白いのです。

例えば、「死にたい……」と繰り返す子がいると大変ですねと言われる。「死にたい」というのは、「かまってほしい」というサインの表れです。実際は、この子はいつまでこれを言ってくるのだろうと私は面白がる。「ネガティブな発言を持っているようでは北海道には行けませんね」と言うと一気に変わり、全く言わなくなった。そんなもんなのです。

ずっと同じことを言って来たら、うっとおしいなと言えばいいんです。

もちろん、その子どもと私やスタッフの根底にはしっかりとした信頼関係があります。信頼関係を作るための最大限の努力もしています。

何か困った事があったら、翌日には北海道でも沖縄でも飛んで行けとスタッフには言っています。そして、本当に行くのです。どんなことが起こっても助けます。

——子どもたちと向き合う時にはどんなことに注意されていますか。

ROCKETのなかでは攻めている部分が取り上げられていますが、実は待っている部分も多いのです。学校でも家庭でも待てない大人が多すぎます。

なぜ、ROCKETでは待てるのかというと、「計画がない」、「目的がない」、「無責任」だからです。「お前らの人生だから知ったことじゃない。そのうちに変わればいい」というくらいの気持ちで待つ。そのためには、マンツーマンではなく、十人くらいの子どもがいればちょうどいい。

子どもの様子が見えすぎてもいけません。手を出す暇がないくらいがいいのです。

特別扱いして腫れ物を触るようにしていては何も意味がない。子ども扱いしないで、一人の人間として向き合っています。そして、どんどん新しい風を吹き込んでいきます。

――たくさんの風を吹き込むとはどういうことでしょうか。

自分の好きなことはどんどん勝手にやりなさいということです。好きなことだけやってて生きられるもんじゃない。だからこれくらいのことは勉強しろと強制する。

お前らのために教えてやってるんだというくらい、強く言った方がいいのです。やった方がいいよというくらいのやさしさなんていらないのです。

――お金を使うということについては子どもたちはどう考えているのですか。

申請書を出してそれが通れば、お金を使うチャンスもあります。お金の上限はないので何百万円もの申請をしてくる子どももいます。そういうことについては説教をします。

――どんな申請書が通るのですか。

完璧な論理で申請書を作ってくる子もいます。しかし、論理が大事ではありません。人を動かすには熱意も情熱も、崖から突き落とされたとしても底から這い上がって来てでもやりたい気持ちがあるかどうかを見ています。

そこまでしてやりたいと思うかどうかということが一番大切なことです。

――子どもたちにどのように寄り添えば良いのでしょうか。

必死に生きる大人を見せたいです。すると、子どもは文句を言う隙さえなく、やるしかないのです。「どう思う?」とか子どもに聞く必要はないのです。「黙ってやれ」と言えばいいのです。

それくらい、大人も必死で向き合うのです。

――子どもは家ではどうしているのですか。

親が「明日はROCKETよ」と意識付けさせていますがそれは必要ないんです。手を出さなくていいんです。子どもが来たくなければ来なくてもいいのです。

子どもは子どもの責任においてやっていきます。親は見てるだけでいいのです。

ROCKETは学校に行けるようになるためのプロジェクトではないので、学校に行かなくていいんです。家で好きなことをやってればそれでいいのです。

大学受験のためのプロジェクトでもない。大学に行かなくったっていいんです。自分のやりたいことをやり続けるための信念は学校に行かなくてもできるから。

――学校に行き始めた子どもがたくさんいますね。

勝手に行ってるだけでこちらから促してはいないのです。

私たちのプログラムは、学校に行かない人たちの居場所をどうやって作り、どうやって学校に返すかというものではありません。

しかし、公共の場で議論されていることは、不登校の子どもをどうやって学校に戻すかということです。

学校に行ってなくても、子どもがやっていることを認めることの方が学校に戻すことよりも大事なんです。反対に学校には行っても、ずっと寝ていて何もやっていない子どももいるのです。

今の教育を受けている人たちが大人になったら、また今と変わらない世の中が続きます。

それを断ち切るためのイノベーションが必要なのです。

困難を抱えている人も、そうでない人も、いきいきと生きられる社会を作らなくてはなりません。

そのためにも、ＲＯＣＫＥＴがもっと目立って子どもたちにとっての憧れの場所になることが大事なんです。


――これからどんなことをしたいと考えていますか。


今、一つの町や地域など広いエリアをそのまま活用するアカデミックリゾートランドを作ろうとしています。体験を促進できる場所です。

そこにあるコミュニティ全体が生きるための勉強の場所になるんです。道を歩いていて魚屋のおじさんに「どこ行くの？」と聞かれ、「ＲＯＣＫＥＴです」と答えると、「そんなとこ行かなくていいから魚おろすの手伝ってよ」とか、「野菜の収穫するのに人手が足りないからちょっと来てよ」というように、町全体が学びの場所になる。

農業を体験することであらゆる教科の勉強ができるのです。机の上やインターネットの中での知識はいらないんです。

そんな場所があったらいいと思いませんか？

生きるために必要な体験ができる場所、ＡＩの時代が来ても生き残れる力がつけられる場所です。それはとても楽しくて素晴らしいと感じる場所になるのです。

中邑先生は、嬉しそうに新たなフィールドを見つけ、なにして遊ぼうかとわくわくしている子どものように見えた。

あとがき

現在、ROCKETでは三期生が活動中です。

この取組みは、短期によるものではなく十年後、二十年先まで子どもたちの成長を見守っていくものです。プログラムを終えた後も、子どもたちは先生方との交流を保ち、やりたいこと、好きなことに向かって邁進しています。

また、どんどん変化していくプロジェクトでもあります。何が起こるかわからない、ユニークな子どもたちに合わせるといっても、一人ひとりが強烈な個性の持ち主ですから、何かを予測することもとても難しいことです。

現場では、先生、スタッフのみなさんの膨大なエネルギーが常にあふれていました。子どもたちと先生・スタッフのみなさんの間に絶対的な信頼関係があるからこそできるプログラムです。その信頼関係を作るための努力を惜しまない姿にはとても感銘を受けました。東京大学先端科学技術研究センターと日本財団の取組みだからこそできる特別なプロジェクトです。しかし、中邑先生は、誰も取り組まなかったことに先陣を切って手を付け、やがては全国に広げていきたいと考えていらっしゃいました。子どもたちの無限の可能性をもっと自由に広げられれば、きっと、おもしろい世の中になるのだと取材を通して確信しましたが、それに伴う教育の現場の一筋縄ではいかない厳しさも感じました。

私の「ちょっと変わった子」の子育てを振り返ると、みんなと一緒という概念を早くに手放しましたが、子どもが好きなことをして生きられるようにすることだけは、決して諦めませんでした。小中学校のときに勉強ができなくてもしかたがないと思っていたので、読み書き障害があることに気づかず、子どもが一人でその困難を乗り越えたことは随分あとになって知りました。子どもは特化した才能はなかったものの、とびきりの笑顔の持ち主であることにはずっと救われてきました。

生きているだけでいいと心から思ってくれる人がいることが、子どもの生きる力の源です。親バカぶりもたくさん発揮しましたが、多くの方々に助けられ、見守られて来たことに感謝すると同時に、今後も子どもに関する取材を続け、いきいきと生きることを応援していきたいと思います。

異才発掘プロジェクトのように革新的な現場で取材にご協力いただきましたみなさま、枠をはみ出した子ども時代の取材にご協力いただきました輪島功一さん、のぶみさん、本書を形にしてくださった岩波書店世界編集部の松崎一優さん、そして、この本を手にとってくださったみなさまに心より感謝申し上げます。

二〇一七年三月

伊藤史織